오늘을 잡아라 · 점원

Seize the Day · The Assistant

서숙 교수의 영미소설 특강 9

Seize the Day, The Assistant

오늘을 잡아라 · 점원

서숙 지음

이화여자대학교출판문화원

〈서숙 교수의 영미소설 특강〉 시리즈를 펴내며

대학에서 영미소설을 강의한 지 20여 년이 훨씬 넘어가고 있을 때였다. 두 번째 안식년을 다녀온 그해 가을 학기, 나는 물었다. 그동안 내가 했던 그 많은 강의들은 다 어디로 갔나. 나와 함께 책을 읽었던 그 많은 학생들, 그들은 모두 어디서 무엇을 하나.

〈영미소설 특강〉 시리즈는 이런 질문에서 시작되었다. 나는 강의실에서 소설을 읽으며 우리가 거쳐 간 그 강렬했던 지적·정서적 경험을 되살리고 싶었고, 우리에게 살아 있음을 깨닫게 해주었던 그 순간들을 기억해내고 싶었다. 그들과 나의 사라진 시간에 정체성을 부여하고 싶었다.

지구력과 인내가 요구되는 특강 시리즈를 이런 개인적인 느낌만으로 시작한 것은 물론 아니다. 〈주홍글자〉, 〈위대한 개츠비〉, 〈허클베리 핀의 모험〉, 〈여인의 초상〉, 〈술라〉, 〈태양은 다시 떠오른다〉, 〈소음과 분노〉, 〈분노의 포도〉, 〈오늘을 잡아라 · 점원〉 등으로 이어지는 이 강의록을 통해 일반 독자들이 영미 소설과 문화를 이해하는 데 일조하고 싶다는 마음도 크다. 무엇보다도 강의라는 형식의 글쓰기를 통해 소설 읽기의 즐거움과 소설 공부하기의 훈련이 별개의 것이 아님을 확인하고 싶다. 외국어라는 암호를 일단 풀어야 하는 경우에는 더욱 그렇다.

강의로 끝나버리는, 허공으로 사라지는 의미와 말들을 다시 붙들어 응시하면서 나는 활자가 열어주는 무궁한 세계를 재발견하는 듯하다. 그렇다. 까맣고 또렷한 글자들은 영롱한 생명을 품고 있는 씨앗들이다. 우리 눈에, 가슴에 뿌려진 씨앗들은 언젠가 싹을 피워낸다. 이 막강한 영상매체의 시대에 활자의 힘에 대한 이 깨달음은 나에게 새삼스럽고 소중하다.

나와 함께 소설을 읽으며 우리들의 텃밭을 가꾸었던 젊은이들에게 이 책을 드린다. 이 시리즈를 기획한 김용숙 선생님과 출판문화원장 김헌민 선생님, 그리고 편집을 담당한 이혜지 선생님에게 감사드린다.

나는 2011년 은퇴했고 〈영미소설 특강〉 시리즈는 계속되고 있다.

서 숙

차례

Seize the Day
◆
The Assistant

시작하면서

여러분 안녕하세요? 가을 학기 첫날입니다. 폭염, 절대 끝날 것 같지 않았는데 이렇게 건강하게 만나니 반가워요. 자꾸 웃음이 나네요. 이번 학기에는 20세기 미국의 대표적인 유대계 작가들, 솔 벨로Saul Bellow의 『오늘을 잡아라Seize the Day』(1956)와 버나드 말라머드Bernard Malamud의 『점원The Assistant』(1957)을 읽으려고 합니다.

여러분이 아는 미국 유대계 작가가 누가 있는지 생각해보세요. 『호밀밭의 파수꾼The Catcher in the Rye』(1951)을 쓴 J. D. 샐린저Jerome David Salinger가 떠오르지요? 『왜 우리는 베트남에 있는가Why Are We in Vietnam?』(1967)를 쓴 노먼 메일러Norman Mailer도 생각나지요? 그리고 얼마 전에 작고한 유대계 최고의 작가로 인정받는 필립 로스Philip Roth도 있어요.

미국 유대계 작가들의 특징은 무엇이라고 생각하세요? 일반적으로 알려진 유대 민족의 역사를 떠올린다면 그들이 작품 속에서 무엇을 말하고 있는지 짐작할 수 있어요. 오랜 방랑과 박해의 경험들, 살아남은 자들의 트라우마, 분노와 죄의식. 그래요. 작가들은 그들의 집단적인 디아스포라 경험을 각자의 방식으로 표현해왔어요.

『오늘을 잡아라』와 『점원』, 이 두 짧은 소설을 살펴보기에 앞서 이들이 출간된 1950년대의 미국 사회를 보지요. 2차 대전 이후 미국은 확실하게 세계 정치 · 경제 · 문화의 중심으로 자리 잡아요. 과학과 테크놀로지가 폭발적으로 발달하고 본격적인 소비 사회가 도래해요. 또 이 시기에는 한국전쟁 등 동서 냉전이 첨예화되고 소련이 원자폭탄 개발에 성공하면서 미국 사회는 적색 공포, 그 유명한 매카시즘McCarthyism 광풍에 휩싸이기도 해요. 이에 동조한 인물로는 로널드 레이건Ronald Reagan, 월트 디즈니Walt Disney, 엘리아 카잔Elia Kazan 등이, 피해자 중에는 찰리 채플린Charlie Chaplin, 아서 밀러Arthur Miller, 레너드 번스타인Leonard Bernstein 등이 생각납니다.

무엇보다도 이 시기는 홀로코스트Holocaust를 겪은 세대의 절망과 혼돈의 시기이기도 했어요. 전후 유대계 작가들은 홀로코스트에 대한 기억과 트라우마를 그들의 작품 속에 재소환했어요. 문학을 통해 증언하는 것을 그들의 사명으로 받아들인 것이지요.

폴란드의 아우슈비츠. 나치의 유대인 강제수용소였던 이곳에서 1945년 기준 약 600만 명의 유대인, 즉 유럽 전체 유대인의 80%가 희생됩니다. 그 당시의 상황은 많은 영화와 소설, 다큐 등에 의해 집요하게 추적되고 있어요. 1947년에 세워진 희생자 박물관은 1979년 유네스코 세계유산으로 등재됩니다.

아우슈비츠에 갔을 때가 떠올라요. 단체로 줄을 서서 빙빙 돌면서 그 현장을, 흔적을, 남은 잔재들을 쌓아놓은 곳을 지나갔어요. 구두, 시계, 머리카락들, 이름표 붙은 트렁크들. 나는 안경을 벗고 고개를 돌린 채 곁눈으로 보다가 견디지 못하고 밖으로 나왔어요.

초록 잎들이 참 무성한 나무 아래 오랫동안 앉아 있었어요. 지금도 잊히지 않아요. 그 주변이 기이할 정도로 청결했어요. 공기도 너무 맑았어요. 그 많은 방문객들이 줄 서 있는데, 짓눌린 듯한 정적이 깔려 있는 듯했어요. 그래요. 유대계 작가들이 홀로코스트의 기억과 망각을 작품 속에서 어떤 방식으로든지 되살리려 한 것은 너무도 당연해 보입니다.

홀로코스트를 대면하기 위한 무수한 시도가 언어로, 영상으로, 그림으로, 사진으로 행해져 왔어요. 그것을 소화하고 녹여내면서 화해할 수 없는 역사를 이해하고자 했어요. 20세기 후

반 이 모든 시도를 집대성한 듯한 위대한 작품이 나타납니다. 클로드 란츠만Claude Lanzmann 감독의 〈쇼아: 홀로코스트의 구술사Shoah: An Oral History of the Holocaust〉(1985)입니다.

이것은 란츠만이 11년에 걸쳐 완성한 9시간짜리 다큐멘터리입니다. 그는 이 다큐에서 나치의 유대인 학살의 현장을, 그 전후 상황을 생존자와 가해자와 목격자들의 증언을 통해 되살려냈어요. 유대인 게토 안에서 마지막 순간까지도 계속되는 아이들의 일상, 유대인들을 실은 기차를 운전하고 가스실로 가는, 보드카에 취한 기관사, 빈 차로 돌아오는 기차를 보며 그 안에 탔던 사람들의 운명을 짐작하는 무표정한 사람들, 가스실에서 나온 재가 뿌려진 곳에는 나무들이 무성합니다.

〈쇼아〉는 장소와 음성과 얼굴 표정이라는 간결한 방식으로 '그 과거'를 되살려내는 데 성공해요. 그래요. 란츠만은 문자를 넘어서서, 음성을 통해, 장소를 통해, 그리고 사람들의 표정을 통해 차마 말해질 수 없는 것들을 전달해요.

시몬 드 보부아르Simone de Beauvoir의 서문을 소개할게요. 이 다큐가 같은 제목의 책으로 출판되었는데 거기 실린 글이에요. 그녀는 란츠만 작품의 핵심을 정확하고 시적인 문장으로 표현해요.

〈쇼아〉는 이야기하기 어려운 영화이다. 이 영화에는 설명을 거부하는 마술

이 있다. 전후 우리는 셀 수 없이 많은 유대인 게토와 유대인 학살수용소에 관한 이야기를 듣고 읽어왔다. 우리는 절망에 빠졌다. 그런데 지금 클로드 란츠만의 뛰어난 작품 앞에서 깨닫게 된다. 그동안 우리는 아무것도 이해하지 못했던 것이다. 우리가 알고 있는 모든 것에도 불구하고 그 끔찍한 경험은 멀게만 느껴졌었다. 이제 처음으로 그것은 우리 마음과 가슴과 몸속에 살아 있다. 우리의 경험이 된다.*

그러면서 그녀는 장소와 목소리와 얼굴들을 통해 어떻게 그 비극들이 재현되고 있는지 말해요.

그리고 아주 드물게 살아남은 유대인의 목소리들. 몇몇은 겉으로는 침착함을 유지하지만 많은 이들이 거의 말을 하지 못하고 울음을 터뜨린다. (…) 이 모든 음성은 쉬지 않고 캠프로 돌진하는 기차 소리를 배경으로 하고 있다.

(…) 얼굴은 종종 말보다 더 많은 것을 말한다. 폴란드 농부들은 연민을 표한다. 그러나 대부분은 무관심과 냉소, 심지어 만족감을 나타내는 듯하다. 유대인들의 얼굴은 그들의 말과 일치한다. 가장 기이한 것은 독일인들의 얼굴이다. 프란츠 서초멜의 얼굴은 냉정하다. 그러나 그가 트레블링카 강제수용소를 찬양하는 노래를 부를 때는 두 눈이 빛난다. 다른 사람들의 당

---

* *Shoah: An Oral History of the Holocaust*, The complete text of the film by Claude Lanzmann, preface by Simone de Beauvoir, Pantheon Books, 1985. p. iii.

황하고 간교한 표정은 그들이 아무것도 몰랐으며 무고하다는 항변이 거짓임을 말해준다. (p. iv-v)

보부아르는 말해요. 란츠만의 위대한 능력은 홀로코스트를 피해자의 관점에서만 말하는 것이 아니라 홀로코스트를 가능하게 만든, 그러나 모든 책임을 거부하는 '기술자들technicians'의 관점에서도 말한다는 것이지요. 가령 이런 경우, 차량을 관리했던 관리는 그 특별 열차들이 휴일 나들이를 하는 사람들을 위해서 만들어졌다고 해요. 그 특별 열차들이 갔던 캠프가 유대인 말살 장소였다는 것을 몰랐다고 해요. 그러나 그의 당혹해하는, 회피하는 표정은 그가 하는 말이 거짓임을 말해줘요. 보부아르의 글은 이렇게 끝나요.

이 영화를 본 많은 사람들처럼 나는 과거와 현재를 뒤섞는다. 나는 〈쇼아〉의 기적과도 같은 요소는 이 혼합에 있다고 생각한다. 나는 이처럼 놀라운 아름다움과 공포의 결합을 한 번도 상상해본 적이 없다. (…) 한마디로 위대한 작품이다. (p. vi)

또 중요한 요소가 있어요. 이 작품에는 역사학자 라울 힐버그Raul Hilberg가 등장해요. 그는 오스트리아에서 출생한 유대인 정치학자이자 역사학자예요. 그는 란츠만이 인터뷰한 유일한

학자로서 이 다큐를 만들어내는 데 핵심적인 역할을 해요. 그의 가족은 그가 13세 때 쿠바를 거쳐 2차 대전이 시작되던 해에 미국에 도착합니다. 2차 대전 동안 유럽에 있던 그들 집안 식구들 중 26명이 홀로코스트로 희생돼요.

그는 20세기 홀로코스트 연구의 최고의 학자로 인정받고 있어요. 그의 저서 『유럽 유대인의 파괴The Destruction of the European Jews』(1961)는 역작으로 알려져 있어요. 또 『아담 체르니아쿠프의 바르샤바 게토 일기The Warsaw Diary of Adam Czerniaków』(1979), 『기억의 정치: 어느 홀로코스트 역사가의 일생The Politics of Memory: The Journey of a Holocaust Historian』(1996) 등도 유명해요.

이 다큐에서 그는 란츠만과 체르니아쿠프에 관해서 오래 토론해요. 체르니아쿠프는 유대인으로서 게토 책임자였어요. 그는 유대인들을 도울 수 있는 최선의 방식을 모색하면서 일기를 적어나갔어요. 그러나 강제 처형이 시작되고 유대인 어린이들을 도울 수 없게 되자 그는 절망하여 자살합니다. 아내가 보관해둔 그의 일기를 힐버그가 정리해 책으로 펴냅니다.

많은 생각을 하게 돼요. 유대인으로 나치 수용소의 책임자가 된 것, 기록을 남기는 것, 살아남은 사람들이 그 기록을 살려내는 것, 무엇보다 역사학자의 역할에 대해서, 기억과 증언의 도구로서의 예술에 대해서 생각하게 돼요.

그 옛날 뉴헤이븐의 대학촌에서 이 다큐를 나흘 밤 연속 보았어요. 몇 시간 동안 숨도 못 쉬고 화면에 붙들려 있다가 강의실 밖으로 나와 초겨울 밤 찬 공기를 숨차게 들이키던 순간들이 생생해요. 화면 가득하던 생존자, 가해자, 협력자, 목격자의 목소리들, 시간도 마모시키지 못한, 기억에서 벗어나지 못한 그 얼굴들이 떠올라요. 여러분에게 강력 추천합니다.

자, 홀로코스트에 대한 집단적인 경험, 그 기억과 망각에 대한 란츠만의 다큐를 살펴보았어요. 우리가 읽을 두 소설과 직접 연결되지는 않지만 유대계 작가들의 세계를 이해하는 데 중요한 준거 틀을 제공한다고 생각해요.

* * *

우리가 읽을 솔 벨로의 『오늘을 잡아라』와 버나드 말라머드의 『점원』은 몇 가지 점에서 대조적이에요. 벨로의 소설의 중심은 은퇴자들의 숙소 호텔 글로리아나, 그리고 증권거래소가 있는 맨해튼이에요. 벨로의 주인공들은 성공한 의사 출신의 아버지, 아내와 별거 중인 실직한 중년의 그의 아들, 그리고 정체불명의 정신과 의사 등이에요.

말라머드의 소설은 가난한 이민자들이 밀집한 브루클린 지역이 중심이에요. 그곳에서 늙은 유대인 모리스 부버는 아내와 딸과 함께 20여 년째 쓰러져가는 식료품 가게를 지키고 있어요. 어느 날 이곳에 떠돌이 청년이 나타나요.

어떠세요? 여기까지만 듣고도 두 소설이 던지는 명암, 빛과 그늘의 대조가 느껴지지요? 그래요. 벨로의 소설이 자본주의 미국의 주류 사회의 실상을 반영한다면, 말라머드의 소설은 가난과 실패라는 또 다른 미국을 보여줘요. 두 소설 모두 미국의 성공 신화에 대한 1950년대의 자화상이라고 할 수 있어요.

자, 이제 본격적으로 소설 속으로 들어가보도록 하지요.

1부

오늘을 잡아라
Seize the Day

솔 벨로Saul Bellow

Seize the Day

제1강

벨로의 소설을 먼저 읽기로 하지요.

솔 벨로는 2차 대전 이후 서구 문학을 대표하는 최고의 작가이자 유대계 작가로 알려져 있어요. 세 번의 전미도서상, 두 번의 구겐하임 펠로십과 퓰리처상, 그리고 1976년 노벨문학상을 받았어요. 그는 디킨스, 톨스토이, 발자크 등으로 이어지는 서구 리얼리즘 전통의 중심에 있으면서 드라이저와 포크너, 그리고 헤밍웨이의 전통을 잇는 작가로 평가됩니다.

1915년 캐나다에서 출생한 그는 러시아에서 망명 온 유대인 부모와 함께 시카고로 이주해, 시카고대학교를 중심으로 당대의 지식인들과 작가, 시인들과 교류해요. 그의 소설들 속에는 은퇴한 교수들이 자주 등장해요. 그들의 형이상학적 고뇌가 유대인이라는 실존 조건과 연결되어 탐색되기도 해요. 그의 노벨문학상 수상작 『허조그Herzog』(1964)의 주인공도 노교수입니다.

유대적인 전통과 가치 속에서 성장한 그는 이디시어와 히브리어를 구사하고, 그의 인물들은 유대인의 정신적 유산에 뿌리 내리고 있어요. 그러나 그는 자신이 유대계 작가로만 평가되는 것을 거부해요. 그가 노벨문학상을 받은 이유가 유대인이기 때문인지 혹은 미국인이기 때문인지 묻는 우문을 받고 답해요. "상을 받은 것은 내가 작가이기 때문이다." 그렇지요. 작가를 한 범주에 한정시키는 것은 그가 탐구하는 다양한 가치와 세계에 대한 정당한 예우가 아니라는 것이지요.

그의 소설에서는 많은 경우 유대인이라는 배경이 표면에 나타나지 않아요. 그러나 그의 작품에 흐르는 기본 정신은 유대적인 전통과 닿아 있어요. 고통과 죄의식만이 아니라 생명에 대한 가능성과 연결되어 있어요. 그러니까 그의 휴머니즘은 유대인의 정신과 이어져 있어요.

그는 평생에 걸쳐 10권 이상의 장편과 작품집을 냈어요. 자본주의 현대 문명에 대한 깊은 우려와 통찰력을 갖고 그는 일관되게 묻고 있어요. '인간은 무엇인가?', '우리가 살고 있는 이 삶은 무엇을 위한 것인가?', '인간은 자신의 운명을 선택할 수 있는가?'

어떠세요? 개인의 역할이 관광객과 소비자로만 축소되고 있는 후기자본주의 사회에서 그의 이런 질문은 공허하게 들릴 수 있어요. 그러나 두 차례의 혹독한 세계 대전과 홀로코스트를 경험한 세대에게 역설적으로 이런 질문들은 서구 문명에 대한 허무적인 태도를 극복하려는 의지로 받아들여지기도 합니다.

우리는 앞에서 1950년대가 어느 시대 못지않은 격변의 시대인 것을 말했어요. 그래서 이 소설 『오늘을 잡아라』에서는 가족, 결혼 제도, 종교 등 전통적인 가치와 규범들이 더 이상 작동하지 못해요. 개인들의 삶을 지배하는 것은 현대 사회의 신전, 증권거래소가 대변하는 돈의 힘입니다. 그래요. 돈은 인물들의 행동과 관계의 시작이고 끝이에요. 바로미터예요.

소설의 주인공은 이런 사회에서 적응하지 못해요. 세대 간의 갈등, 인종 간의 긴장, 성공과 돈, 이로 인한 혼돈 속에서 좌절하고 절망해요. 그러면서도 현실과 타협하기를 거부하며 단순하고 평화로웠던 옛날의 삶을 그리워해요. 그래서 독자들은 좌충우돌하는 허점투성이 중년의 주인공을 한심해하면서도 친밀감을 느끼는 듯해요.

소설의 배경을 보세요. 거대 도시 뉴욕 맨해튼. 뉴욕은 20세기 자본주의 투기 금융의 중심으로 묘사돼요. 각양각색의 인종이 숨 가쁘게 몰려오고 몰려가요. 소음과 매연으로 질식할 것 같은 이곳에서 인간관계는 표피적이고 찰나적으로 그려져요.

은퇴한 노인들이 장기 투숙하고 있는 호텔 글로리아나에서 아버지 애들러 박사와 중년의 아들 윌헬름이 각각 다른 층에서 살아요. 윌헬름에게 사정이 있다는 것을 우리는 곧 알게 됩니다. 실패만을 거듭해온 40대 중반의 아들. 그의 아버지는 교수이자 성공한 외과 의사로 이곳에서 노후를 즐기고 있어요.

자, 여러분에게 어떤 그림이 떠오르나요? 아버지가 윌헬름을 외면하는 것은 물론 돈 때문이지만, 그것이 전부는 아니에요. 노년의 평화를 누리고 싶은 그에게 아들은 실패와 죽음, 마주하고 싶지 않은 삶의 취약성을 상기시키기 때문입니다. 그래요. 아버지가 성공의 아이콘이라면 아들은 사회의 낙오자로 묘사돼요.

또 한 사람, 중요한 인물이 탬킨 박사입니다. 정체불명의 사기꾼으로 묘사되기도 하는 그는 정신과 의사로 알려져 있어요. 그는 이 소설에서 탐욕과 경쟁 등 투기자본주의의 특징을 지적하고 고발하는 역할을 해요. 무엇보다 윌헬름에게 아버지가 주지 않는 이해와 공감을 줍니다. 일종의 유사 아버지 역할을 하는 셈이지요.

그런데 보세요. 이들이 만나는 이곳은 인간관계는 물론이고 모든 것이 돈으로 거래되는 곳입니다. 탬킨 박사는 윌헬름의 말을 들어주고 공감해주는 대신 당연히 대가를 원하겠지요. 소설의 끝에서 윌헬름과 공동 투자했던 그는 소리없이 사라져요.

자, 전체적인 이야기의 윤곽이 드러나지요? 주목할 것은 투기판이 벌어지고 있는 이곳에서 여전히 사람 사이의 관심과 믿음을 강조하는 것은 실패자 윌헬름이라는 사실입니다. 작가는 실수투성이이고 정이 많고 흥분 잘하는 그에게 중요한 덕목을 부여해요. 그는 다른 사람을 이해하고 배려하고, 돈 때문에 벼랑 끝에 몰리면서도 자신의 명예와 자존감을 고수해요. 무엇보다 그에게는 자신의 삶에 대한 통찰력이 있어요. 가령 그는 어두운 지하도를 지나가며 불현듯 낯선 군중에 대한 무조건적인 연민과 동질감을 느껴요. 이 예상치 못한 연대감은 세상에서 뒤처진 자신을 포함한 모든 실패자에 대한 공감이기도 합니다. 그 뜨거운 감정은 한순간 밀려왔다 사라지지만, 작가는 그 속에서 여전히 인간에 대한 가능성을 보는 것이지요.

이 소설은 흔히 형이상학적 또는 철학적 소설이라는 평을 받기도 해요. 작가는 인물들의 갈등 구조보다는 특히 탬킨 박사의 장광설과 비판을 통해 자본주의 문명의 문제점을 파헤쳐요. 때때로 독자는 줄거리를 잊은 채 자본주의에 대한 종말론적 예언 또는 고발을 읽는 듯해요.

이 소설은 또한 상당히 코믹한 요소들을 안고 있어요. 심각하고 절박한 상태에서 주인공이 좌충우돌하는 행동이나 표정의 묘사가 특히 그래요. 답답하고 한심한 그가 곤경에 처해 쩔쩔매는 모습과 마주하다 보면 미소를, 때로는 폭소를 터뜨리게 돼요. 그래서 난해하고 퍽퍽한 문장이 이어지기도 하는 이 소설에서 잠깐씩 여유를 가질 수 있기도 합니다.

* * *

소설이 시작하자마자 우리는 주인공 윌헬름의 생각을 통해서 중요한 인물들에 대해 알게 돼요. 처음에는 탬킨 박사에 대해서, 그다음에는 아버지 애들러 박사에 대해서 알게 됩니다. 그리고 윌헬름의 젊은 시절의 잘못된 선택에 대해 알게 됩니다. 그의 가족 관계, 실직 이유, 별거 상태 등 현재 그의 상황에 대해서도 알게 돼요. 이렇게 시작부터 압축된 방식으로 작가는 이 짧은 소설을 최대한 효과적으로 전개하는 듯해요.

주인공이 나타납니다. 엉거주춤한 자세에 거구이고, 머리는 부수수한 게 단정하지 못해요. 그의 상태가 영 좋지 않은 듯해요. 우리는 곧 알게 돼요. 그는 지금 곤경에 처해 있어요. 소설을 여는 첫 문장이 흥미 있어요. "토미 윌헬름은 근심을 감추는 데 있어서는 누구 못지않게 유능하다. 그렇게 생각할 만한 근거도 있는 것이, 그는 한때 배우, 아니 단역 배우이기도 했기 때문이다. 게다가 그는 중절모를 쓰고 시가를 입에 물고 있다."

그렇군요. 윌헬름은 걱정거리가 있어서 남들 앞에서 표정 관리를 해야 하는군요. 특히 이 호텔에 머무는 아버지를 14층에서 만날 수도 있기 때문입니다. 우리는 눈앞에 닥친 그의 근심 걱정이 돈 때문이라는 것을 곧 알게 돼요. 가출한 그에게 아내는 양육비를 받아내면서도 이혼을 거부해요. 그는 이번 달 호텔비를 아버지에게 부탁해야 하는 형편입니다.

그는 자기 모습이 괜찮은 것을 확인하고 엘리베이터를 타고 로비로 내려와요. 호텔 글로리아나. 익명성이라는 거대 도시의 특징이 압축된 곳이에요. 이곳에서 만나는 사람들은 잠깐씩 스쳐 가는, 돌아서면 아무 상관없는 피상적인 관계들입니다. 그래서 개인의 속사정이 어떻든 만사가 잘 돌아간다는 외형을 갖추는 것이 중요해요. 사람들이 옷차림에, 셔츠와 구두의 상표에 신경 쓰는 이유입니다.

윌헬름은 로비에서 신문을 파는 루빈과 아침 인사를 나눕니다. 동전을 꺼내려고 주머니에 손을 넣는데 신경안정제, 찌그러진 담배꽁초들이 손에 잡혀요. 그는 애써 겉으로는 평정을 유지하고 있으나 불안하고 초조하다는 것이 이런 동작들을 통해 암시되고 있어요.

그는 루빈의 옷차림을 눈여겨보며 혼자 생각해요. 루빈은 종일 신문 판매대에 서 있을 뿐인데, 잘 차려입었어요. 진한 갈색 양복에 카운테스 마라 무늬 넥타이를 매고 있어요. 이렇게 명품으로 치장하고 자신의 존재를 드러내는 것이지요. "넥타이 멋지군요." "아, 당신 아버지 식당에 들어가셨어요." 이런 식으로 두 사람은 말을 주고받고 신문에 난 주가에 대해 몇 마디 나누기도 해요.

윌헬름이 탬킨 박사를 떠올리는 것은 이때입니다. 보세요. 어떤 식으로 이 소설의 중요 인물이 이야기 속에서 등장하는지. 윌헬름이 탬킨 박사를 떠올리자마자 탬킨 박사가 했던 말들이 줄줄이 되살아나요. 막 소설이 시작되고 독자가 인물들을 본격적으로 만날 준비도 안 된 상태인데 말이지요. 어쩌다가 수도꼭지를 슬쩍 건드렸는데 꽉, 한꺼번에 물이 쏟아지는 것 같아요. 자본주의, 주식 투자, 일확천금, 돈 광풍, 이런 것들이 뒤섞인, 진단인지 설명인지 비난인지 탄식인지 종잡을 수 없는 말들이 쏟아져요.

그렇지요. 주인공의 머릿속에 왈칵 떠오른 탬킨 박사가 앞으로 핵심 인물인 것을, 그리고 돈과 직결되어 있다는 것을 재빨리 각인시켜주는군요. 윌헬름은 이곳에 살고 있는 탬킨 박사를 카드 게임에서 알게 되었고 나흘 전에는 마지막 남은 700달러로 그와 공동 투자를 했어요. 사흘 전에 그들이 산 종목 라드 값이 계속 떨어지고 있어 그는 초조해요. 이날 아침 그의 상태를 아시겠지요?

윌헬름이 투자를 하기 전에 탬킨 박사가 그에게 했던 말을 보세요. 그는 맨해튼 증권거래소에 모이는, 일확천금을 노리는 사람들의 돈에 대한 갈증, 탐욕, 광기에 대해 말했어요.

■ ■ ■ 투자의 핵심은 재빠르게 샀다 팔고, 다시 팔았다 사는 것이오. (…) 사람들이 왜 돈을 잃는지 아시오? 주식이 올라갈 때 빨리 팔아야 하는데 그걸 못 해요. 그들은 도박을 하지만 난 과학적으로 차분하고 합리적으로 심리학적으로 계산해요. (…)

당신 가만히 앉아 있을 수 있소? 난 참을 수 없소. 온 천지에 돈인데. (…) 그들은 수백만 달러를 벌고 유능한 변호사를 고용해서 세금도 안 내요. (8–10)*

실직 상태에 이번 달 호텔비도 못 낼 형편인 윌헬름이 어떤 반응을 했겠어요? "아이고, 난 그런 많은 돈은 필요 없어요. 그냥 꾸준히 약간의 수입만 있으면 돼요. 방법을 알려주세요."

보세요. 탬킨 박사가 그를 작정하고 속이진 않았어요. 단지 주식으로 돈을 벌어대는 사람들에 대해 말했을 뿐이에요. 덥석 미끼를 문 것은 절박한 윌헬름입니다.

자, 소설이 시작되었을 때 이미 윌헬름은 탬킨 박사의 등에 올라탄 상태이군요. 앞으로 탬킨의 판단에 그의 상태가 달려 있군요. 탬킨 박사, 그는 누구인가요? 정신과 의사로 알려진 그는 주인공을 이해하고 격려하고 인정합니다.

그러나 우리는 알게 돼요. 이 바쁜 세상에, 누가 위기에 처한

---

* 이 책의 인용문은 저자가 번역한 것이다. 사용한 텍스트는 *Seize the Day*(Penguin Books, 1996)이다.

중년 남자의 하소연을, 넋두리를 들어주나요? 아무도 공짜로 들어주지 않아요. 그래서 예전에는 친구, 가족, 신부, 목사를 찾던 사람들이 이제는 돈을 내고 심리 상담사를 찾아요. 탬킨 박사가 정신과 의사로 등장하는 것은, 그리고 소설의 끝에서 그가 사라지는 것은 이런 세태를 반영하는 절묘한 설정이지요. 앞으로 계속 그에 대해 알게 될 것입니다.

이제 윌헬름의 생각 속에 등장하는 그의 아버지 애들러 박사를 만날 차례입니다. 아버지가 어떤 사람인지, 아버지에 대한 그의 감정은 어떤지 보세요. 윌헬름은 언젠가 아버지가 탬킨 박사에 대해 말한 것을 기억해내요. "너 그 사람 말 너무 듣지 마라. 믿을 만한지 모르겠다." 윌헬름은 아버지의 이런 초연한 듯한 태도에 불만이 많아요. 아버지에게 속을 터놓고 이야기를 할 수 있다면 탬킨에게 의지하지 않을 거라고 생각해요.

얼마 전 그는 아버지에게 자신의 어려운 상황을 말했어요. 그러나 아버지는 단지 고개를 끄덕이며 마치 야구팀 소식을 들은 듯한 반응을 보였어요. 노년의 아버지는 마음의 평화를 원해요. 아들 문제로 불안해지고 싶지 않아요. 아들은 아버지가 섭섭하면서도 그를 이해하려고 애써요. "그래. 나이 들면 변할 수밖에 없지. 무엇보다 죽음을 생각할 수밖에 없지." 그렇군요. 늙음과 죽음, 공감과 이해, 무엇보다 돈 문제. 여기서 아버지와 아들의 입장이 평행선을 달리는 이유가 분명해집니다.

계속하지요. 애들러 박사는 윌헬름과는 전혀 다른 세계에 살고 있어요. 아버지는 성공한 의사, 명망 있는 교수, 상당한 재력가로서 글로리아나에서 존경을 받아요. 깔끔한 복장에 말귀도 전부 알아들어요. 아버지는 모든 찬사를 즐겨요. 아버지에 대한 윌헬름의 감정은 복잡해요. 스쳐 가는 사람들의 칭찬이 아버지는 왜 필요한가. 아들은 또 아버지가 자기를 부끄러워하는 것을 알아요. 번듯한 의사 집안에서 어머니도 명문 여대 출신이고 누이도 대학을 졸업했는데, 그는 대학을 졸업하지 못했어요.

이렇게 아버지에 대한 생각에 잠겨 있는데 루빈이 그에게 당신, 오늘 멋지다고 말해주자 그는 기분이 좀 나아져요. 그래요. 앞배가 나오고 몸매가 무너지기 시작하지만 그에게는 매력이 남아 있어요. 둥글고 큰 얼굴에 붉고 건강한 입술, 곱슬거리는 금발은 아직도 탐스러워요. 그는 거울 속에 비친 자신을 보며 작은아들이 그를 하마라고 놀리는 것을 떠올려요. 그리고 다시 생각에 빠져요. 여기서 우리는 그의 젊은 시절에 대해 알게 돼요.

그는 대학에 다니다가 영화배우가 되려고 캘리포니아로 갔어요. 7년을 허송세월했어요. 그는 자기 삶에 회한이 있어요. 이렇게 우리는 윌헬름의 최초의 잘못된 선택에 대해 알게 돼요. 이 과정에 대한 그의 회상은 소설 첫 장의 삼분의 일 정도를 차지해요. 그만큼 이 부분이 중요하다는 소리지요. 그것은 윌헬름의 현재의 곤경을 이해하는 중요한 단서가 돼요. 잘못 끼워진 첫 단추와도 같다고 할까요? 그때의 잘못된 선택이 그 이후에도 계속되고 있으니까요.

좀 더 보세요. 대학 시절 체격 좋은 금발의 젊은이 윌헬름은 배우를 스카우트하는 남자의 눈에 띄어 스크린 테스트 제안을 받아요. 테스트를 한 남자는 태도를 바꿨고 윌헬름은 그를 설득해요. 반대하는 가족에게는 이 기회를 놓치는 것은 자신에 대한 일생일대의 과오를 저지르는 것이라는 식으로 밀고 나가요. 그의 저항에 불이 붙은 것은 어머니가 공부 잘하는 사촌을 그와 비교했기 때문이에요. 몇 개의 언어를 구사하는 그 사촌을 윌헬름은 너무 싫어했어요. "으윽, 어떻게 그 많은 언어를 공부하는 거야? 그 못생긴 것이." 지금 교수가 된 그 사촌에 대해 윌헬름은 이런 의문을 가지고 있어요. '성공한 다른 사람들처럼 그도 냉소적일까?'

윌헬름에 의하면 성공한 사람들은 냉소적이군요. 그런가요? 왜 그럴까요? 성공을 위해 자신의 더 중요한 것을 포기 또는 타협했기 때문일까요? 앞으로 우리는 계속 윌헬름을 통해서 성공과 돈에 대해서, 삶과 죽음에 대해서, 이런 식의 질문과 성찰을 만나게 될 것입니다. 그러니까 작가는 실패자로 그려지는 그를 통해 인간에 대한 흔하지 않은 통찰력을 보여주는 것이지요.

다시 할리우드 이야기를 계속하지요. 그는 스카우트하는 남자의 망설임과 가족의 반대에 고민에 고민을 거듭했어요. 그리고 할리우드에 가면 안 된다고 결정을 내렸어요. 그러나 그 결정과는 반대로 그는 캘리포니아로 갔어요.

■ ■ ■ 그는 부모와 누이동생과 싸웠다. 그가 캘리포니아로 가는 일의 위험성을 가장 잘 알아차렸을 때, 가서는 안 되는 수많은 이유를 알게 되고 너무도 두려워졌을 때, 그는 집을 떠났다. 이것은 전형적인 윌헬름의 행동이었다. 심사숙고하고 망설이고 찬반 토론을 벌인 끝에 그는 언제나 그가 수없이 거부한 길을 선택했다. 열 개의 그런 결정들이 그의 삶의 이력을 만들었다. (23)

해서는 안 된다고 결정한 뒤 해버리는 것, 그런 일이 계속되었어요. 그는 할리우드에 가면 큰 실수라고 결정한 뒤 갔어요. 아내와 결혼하지 않기로 결심하고는 함께 달아나서 결혼했어요. 지금은 탬킨 박사와 공동 투자하지 않겠다고 결심해놓고 그에게 수표를 주었어요. 어떻게 설명할까요? 공부는 하기 싫고 다시 학교로 가는 것은 자존심 상하고. 성공한 아버지, 대학을 졸업한 누이동생…. 그는 도망가고 싶었나요? 독립하여 자유롭고 싶었나요?

캘리포니아에 온 그는 아버지가 지어준 이름 대신 '토미 윌헬름'으로 이름을 바꾸고 새로운 출발을 하려고 해요. 배우가 되지 못한 그는 그곳에서 잡역부 일을 하면서 7년을 보내요. 장사나 사업을 하지도 못했고 전문직으로 들어갈 수도 없었어요. 자, 중년이 된 그는 지금 생각합니다. 사람이 자기 의지대로 뭘 변화시키는 건 어렵다. 아버지는 그의 새 이름을 인정하지 않고, 자신도 옛날 이름에서 완전히 벗어나지 못한다. 그래요. 윌헬름의 자기 삶에 대한 회한은 이렇게 시작되었군요.

우리는 그의 걱정들이 무엇인지 알게 되었어요. 최초의 큰 실수 이후 반복된 실수들, 눈앞의 돈 걱정, 아버지와의 불화. 그런데 이런 상황에서도 그는 자신을 포기하지 않는군요. 그는 생각합니다. 지금 와서 어쩌겠는가. 아버지가 계속 나의 실수를, 최초의 죄를 상기시키지만 처음으로 돌아가서 고칠 수도 없고. 무엇보다 그 실수로 제일 고통을 받는 건 나 자신이 아닌가. 이렇게 그는 한심해하고 자책하지만, 그러면서도 자신을 용서하고 싶어해요. 붉으락푸르락 하는 이 거구의 남자가 스스로를 책망하고 다독이고 다시 낙담하는 모습이 앞으로 계속될 거예요.

때로는 우습고 멍청이 같고 짜증나면서도 그에게 냉정해질 수가 없군요. 여전히 희로애락의 감정이 살아 있고, 그래요, 흔히 말하는 인간미가 느껴지기 때문입니다. 이 소설의 첫 문장을 기억하지요? "토미 윌헬름은 근심을 감추는 데 있어서는 누구 못지않게 유능하다." 그런데 이제 자신의 과거의 실수들을 다 되살려낸 뒤 그가 어떤 말로 첫 장을 끝맺는지 보세요. 윌헬름은 탄식인지 기도인지 횡설수설하지만 그러나 분명한 것은, 그는 이제부터는 잘하고 싶어요.

■ ■ ■ 오 신이여, 이 곤경에서 날 구해주세요. 내 생각들에서 벗어나게 해주세요. 그래서 내가 보다 좋은 일을 하게 해주세요. 내가 낭비한 모든 시간들을 정말 뉘우칩니다. 이 위기에서 건져내어 다른 삶으로 인도해주세요. 나는 지금 완전히 엉망진창이에요. 자비를 베푸소서. (26)

이렇게 우리는 주인공의 생각을 통해서 아버지와 탬킨 박사, 그리고 무엇보다 그의 과거와 현재에 대해 조금씩 알게 되었어요. 앞으로는 이를 근거로 자세한 내용들이 나타날 것입니다.

그래요. 이 소설에는 돈, 세대 간의 갈등, 죽음, 노년 등 상당히 무거운 주제들이 깔려 있어요. 그러면서도 곳곳에서 인물에 대한, 특히 윌헬름에 대한 코믹한 묘사들이 돋보여요. 가령 뚱뚱한 하마처럼 보이는 그는 가만히 서 있지 못하고 늘 바지를 추켜올려요. 주머니 속의 담배꽁초와 알약들을 만지작거려요. 이런 방식은 일종의 작가의 전략으로서 너무 심각해져서 자신이 전달하려는 의도가 실종되는 것을 막기 위한 것인 듯해요. 이런 요소들을 염두에 두고 다음 강의로 넘어가지요.

Seize the Day

제2강

윌헬름은 우편물을 확인해요. 이번 달 호텔비 청구서와 아내에게서 온 우편물이 있군요. 그의 아내 마거릿은 이혼에 동의하지 않고 두 아들의 양육비, 교육비, 보험료 등 더 많은 돈을 요구해요. 그는 젊었을 적 저지른 실수의 대가를 지금까지 치르고 있어요. 오늘 그녀는 그가 처음으로 보낸 앞수표에 대해 항의해요. 그는 숨이 막힐 지경입니다. "옛날에는 빚을 지면 감옥에 갔는데 지금은 더 교묘해졌다. 돈이 없는 것은 수치이고, 그래서 모든 사람이 일을 할 수밖에 없게 만든다."

그는 아버지가 자기의 곤경을 알면서도 모르는 척하는 것이 섭섭해요. 아버지에게는 자기를 돕는 것이 아무것도 아닐 텐데 말이지요. 이날 아침 윌헬름은 아버지를 만나기도 전에 이미 신경이 날카로워졌군요. 돈을 보내라고 재촉하는 마거릿의 편지와 자기의 곤경을 외면하는 아버지에 대한 섭섭함. 그는 잔뜩 불편한 상태로 식당 안으로 들어갑니다. 아들은 아버지와 다른 노인이 함께 있는 테이블에 앉아요. 이제 곧 아버지와 아들의 대화를 통해 두 사람의 관계와 다른 가족들에 대해서 알게 될 거예요. 아버지가 탬킨 박사를 어떻게 생각하는지도 확인합니다.

호텔 밖 길 건너에는 황금색과 자주색 기둥으로 된 초현대식 카페테리아가 보여요. 멀리 허드슨강도 보여요. 호텔 안에 있는 이 식당은 사과와 치즈를 넣고 구운 과자가 맛있어요. 딸기에 설탕을 뿌려 먹고 있던 애들러 박사는 합석하고 있던 노인을 아들에게 소개해요. "15층 사시는 펄스 씨에게 인사해라."

아버지를 보세요. 그의 아버지는 자그마한 체구의 건강하고 야무진 노인이군요. 안색은 잘 익은 살구처럼 투명해요. 붉은 체크무늬의 흰 조끼와 줄무늬 셔츠를 입고 보청기는 주머니에 넣었어요. 아들은 이런 아버지와 함께 있으면 안절부절못해요. 손가락이 떨리고 주머니 속에 있는 담배꽁초를 주물럭거려요. 그는 여전히 매너도 괜찮고 다른 사람의 말을 경청할 줄도 알지만, 아버지와 있으면 감정을 조절하지 못하고 특히 가족 이야기만 나오면 흥분해버려요.

아들은 알아요. 아버지는 지금 덩치 큰, 걱정거리 아들과 둘이 앉고 싶지 않아요. 그러면서도 체면을 중요하게 여기는 그는 펄스 씨에게 아들딸 자랑을 합니다. "내 아들은 얼마 전까지만 해도 세일즈 업계에서 상당한 연봉을 받았소. 내 딸은 결혼 전에는 마취 기사로서 병원에서 중요한 위치에 있었고…" 윌헬름은 속으로 생각해요. '아버지는 자랑하지 않고는 못 견디는구나. 캐서린은 법원 출입기자와 결혼해서 힘들게 사는데. 나이 마흔에 화가의 꿈도 못 버리고. 하기야 뉴욕에는 5만 명이 넘는 사람들이 붓과 페인트를 들고 살지.'

우리는 딸이 아버지에게 전시회장을 빌려달라고 조르는 것을 알게 돼요. 마흔이 넘은 아들딸이 그에게 손을 벌리고 있군요. 아버지가 계속 아들이 받았던 높은 연봉에 대해 말하자 펄스 씨는 눈을 빛내며 흥미를 나타내요. 아들은 속이 뒤틀려요. '모두들 돈, 돈이라면 제정신을 잃는구나. 오, 성스러운 돈, 아름다운 돈, 돈이 없으면 지구상에서 사라져야 해.' 그래요. 윌헬름의 생각대로 이곳 맨해튼에서 전통적인 신과 종교는 사라진 듯해요. 이곳에서 신성한 존재는 돈이고 성전은 증권거래소예요.

겉으로 듣기 좋은 이야기가 오고가지만 아버지와 아들의 불편한 관계는 두 사람의 생각을 통해 알게 돼요. 아버지는 자기 옆에 웅크리고 앉은 아들의 외모가 오늘따라 더 마땅치 않아요. '실직하더니 더 심해지는군. 머리는 부스스하고 눈은 충혈된 채 이리저리 굴리고.' 그때 아들이 재빨리 알약을 입에 넣는 걸 보고 말해요. "잠을 못 잤냐? 왜 약을 그리 먹어대냐? (…), 진정제, 진통제, 각성제. 그렇게 이 약 저 약 먹어대니 딱한 네 몸이 어쩔 줄 모른다. 사람들은 독약인 줄도 모르고 알약을 먹어댄다니까." 아들은 우물우물 대답해요. "아니요. 저는 뉴욕이 영 마음에 안 들어요. 소음도 그렇고, 주차하기도 그렇고…."

이날 아침 우리는 아버지를 통해 엉망진창이 된 아들의 일상에 대해 좀 더 알게 됩니다. 가령 아버지는 이 호텔에서 아들의 방을 딱 한 번 가본 적이 있어요. 아들은 파자마를 입은 채 커피 머그잔으로 진을 마시고 텔레비전으로 야구 시합을 봐요. 더러운 옷 냄새가 끔찍했고 침대 옆에는 잡동사니, 잡지들, 만화들이 흩어져 있어요. 아들은 손에 물을 대지도 않고 전기면도기를 써요. 지금 식탁에서 아들의 손가락 자국이 달걀흰자에 나자 아버지는 혐오감에 움찔해요. 이런 아들을 세상에 내놓은 자신을 한탄해요.

또 있어요. 아들은 돌아가신 어머니 묘지에 얼마 전에 혼자 다녀왔어요. 아버지는 아들의 거친 운전에 질려서 딱 한 번 함께 다녀왔을 뿐이에요. 아들은 부서진 어머니의 묘비를 다시 세우고 싶지만 아버지는 반대해요.

자, 아버지는 계속 말해요. 아들은 아버지의 체면을 위해서 참을성 있게, 점잖게 이야기를 거들어요. 우리는 그가 왜 실직하게 되었는지 알게 돼요. 그는 10여 년간 로잭스 주식회사에서 일했어요. 그의 전담 구역을 개척하고 키웠고, 이제 부사장으로 승진할 것을 기다리고 있었어요. 회사는 그를 승진시키는 대신 사주의 사위를 데려와서 윌헬름이 개척해놓은 지역을 둘로 나눠주라고 합니다. 혼자 감당하기에는 너무 크다는 거지요.

그림이 그려지지요? 그는 배신감에 사표를 냈어요. 아버지는 아들의 행동에 찬성할 수 없어요. 자존심보다는 가족을 먼저 생각하고 다시 돌아가라고 해요. 아들이 지키고자 하는 자존감과 아버지가 말하는 가족 부양의 책임. 아버지와 아들의 입장 차이는 어디에서 올까요? 세대와 살아온 환경, 개인적인 특징에서 올까요? 두 사람의 이야기를 들으며 계속 생각하게 됩니다.

아버지와 펄스 씨가 자기 직장에 대해 말하는 동안 아들은 생각해요. '왜 이렇게 내 인생을 가지고 말들을 하는가. 모두들 진정한 대화를 원하지만 영리한 자들은 시시콜콜 다른 사람 이야기를 하지. 절대로 자기들 이야기는 안 해. 아, 나는 등신이구나.' 이해됩니다. 아들을 부끄러워하는 성공한 아버지 앞에서 열등감과 죄책감에 짓눌리는 아들. 아들은 피곤해져요. 자기의 삶의 무게가 무겁게 느껴져요. 그는 생각에 빠져요. 이 소설에서 첫 번째로 만나는 자신의 삶에 대한 그의 깊은 성찰입니다.

■ ■ ■ 그의 존재가 주는 특이한 부담감이 부착물, 덩어리, 혹처럼 그를 짓누르고 있었다. 고요할 때, 피곤해서 더 이상 허우적거릴 수 없을 때 그는 이 신비한 무게, 종양, 이름 모를 것들의 집합체를 등에 지고 다녀야 하는 것이 그의 인생이라고 느꼈다. 그것이 사람이 살아야 하는 이유임이 분명했다. 이 덩치 크고 괴상하고 흥분 잘하고 뚱뚱한 금발의 퉁명스런 인물, 마흔네 살의, 두 아들의 아버지이고 현재 호텔 글로리아나에서 살고 있는 윌키 또는 토미 윌헬름은 다름 아닌 그 자신, 그의 특이한 자아라는 짐을 지고 다니도록 임무를 부여받았다. 이 짐의 가치는 숫자로 나타낼 수도 없고 평가할 수도 없다. 그러나 그건 토미 윌헬름이라는 주체에 의해 과장되었을 수도 있다. 그는 일종의 예언적인 인물이다. 그는 자신이 왜 존재하는지 알 수 있다고 믿어야 한다. 비록 이유를 알려고 진지하게 노력해본 적은 없지만 말이다. (39)

보세요. 그는 자기의 존재를 종양 또는 혹처럼 무거운 짐으로 느껴요. 그 짐을 지고 가는 것이 자기에게 맡겨진 과제라고 생각해요. '이 모든 것을 내가 껴안고 가야 한다, 갈 것이다. 이 수수께끼 같은 삶의 무게를….' 앞으로 우리는 이런 종류의 성찰을 만날 때마다 묻게 됩니다. 작가는 왜 실패한 낙오자로 묘사되는 그를 통해 삶에 대한 이런 통찰을 제시하는지 궁금해집니다.

이제 탬킨 박사가 어떤 식으로 이들의 화제에 오르는지 보세요. 윌헬름의 연봉에 대해 이야기를 하던 중에 펄스 씨가 그에게 묻는군요. "아, 그런데 당신, 탬킨 박사와 공동 투자를 한다지요?" 이어지는 아버지와 펄스 씨의 대화의 핵심은 탬킨 박사의 정체가 수상하다는 것입니다. 아버지가 말합니다. "그가 뭘 하는지 몰라요. 교활한 사람이니까. 그가 정말로 의사인지도 모르겠어." 펄스 씨가 대꾸합니다. "모두 그렇게 알고 있는데. 그가 환자들 이야기도 하고 처방전도 쓰지 않나요?"

윌헬름이 거들어요. "그는 심리학자예요." 명망 있는 은퇴한 의사, 그의 아버지의 의견은 달라요. "하여간에 수상쩍어. 그가 어떤 종류의 심리분석가인지, 정신과 의사인지 모르겠어. 그 분야는 잘나가지. 상담료도 비싸고."

애들러 박사의 말처럼 정신분석, 심리 상담이 대유행인 시대이지요. 심리 상담은 그러니까 두 번의 세계 대전과 대공황을 거치면서 급격하게 발달했다고 해요. 하여간에 이 거대 도시에서 사람들은 갖가지 종류의 정신 질환을, 우울증과 강박증을 앓고 있어요. 사람들은 안정제, 각성제 등 알약을 입에 달고 살아요. 그러면서 상담실을 찾아요.

앞에서도 말했지만, 옛날에는 근심 걱정이 생기면 가족이나 친구, 신부나 목사와 의논했어요. 점쟁이나 무당에게도 갔어요. 그러나 세상이 돈과 소비, 경쟁의 소용돌이로 변하고, 익명의 개인들이 들끓는 대도시에서 사람들은 상담사나 정신과 의사에게 가요. 돈 주고 하니까 마음 놓고 털어놓고 비밀도 보장됩니다.

계속 애들러 박사의 말을 들어보세요. "비싼 상담료를 내야 하니까 사람들은 월급이 많은 일자리가 필요하지. 하여간에 이 탬킨이란 사람 영리해. 내 생각에 그는 캘리포니아에서 의사였을 거야. 로스앤젤레스 통신교육학교에서는 천 달러면 학위를 받을 수 있다고 들었어. 난 그를 신뢰하지 않아. 거짓말쟁이일 거야. 자기가 발명했다고 그가 주장하는 것들을 너, 믿는 거냐?"

아버지와 펄스 씨는 한바탕 웃어요. 윌헬름은 그런 탬킨 박사에게 마지막 남은 돈 700달러를 맡기고 위임장까지 써주었어요. "왜 안 믿어요? 발명가들이란 공상도 하고 기발한 생각도 하잖아요?" 윌헬름은 대꾸하지만 절망적이 돼요. 그래요. 앞으로 작가는 탬킨 박사와 윌헬름의 관계를 통해 증권거래소가 중심이 되는 세상의 인간관계의 단면을 보여줄 거예요. 탬킨처럼 정체불명의 인물들이 번성할 수 있는 세상이 어떤 것인지도 보여줍니다.

자, 펄스 씨가 먼저 자리를 뜨고 아버지와 아들, 두 사람만 식탁에 남는군요. 이제부터 우리는 아버지와 아들이 정면으로 부딪치는 모습을 볼 거예요. 두 사람 모두 감정을 자제하려고 애쓰지만 급기야는 충돌합니다. 팔순의 아버지는 아들의 문제에 끼어들고 싶지 않고 돈 문제는 더욱 외면하고 싶지만 호텔비도 내기 어려운 중년 아들과 마주 앉으니 어떻게 미소 지으며 모닝커피만 마실 수 있겠어요? 하하.

하여간에 여기서 우리는 앞에서 대강 들었던 이들의 가족 이야기를 좀 더 잘 알게 돼요. 아버지와 아들의 입장 차이가 어디서 오는지도 이해하게 돼요. 동시에 윌헬름이 아버지를 비판하고 원망하면서도 죽음을 앞둔 그의 노년에 대해 배려하고 공감하는 것도 알게 됩니다.

보세요. 아버지와 아들 사이에는 어색한 긴장이 흘러요. 다가오는 폭풍을 예감하고 막아보려 애쓰는 기색이 역력해요. 아들은 짐짓 태연하게 꾸역꾸역 음식을 먹고 또 먹어요. 아버지의 케이크까지 다 먹은 뒤 숨이 찬 듯 멍하게 앉아 속으로 다짐해요. '아버지의 공감을 바라지 말자, 내 문제를 꺼내지도 말자.'

아버지는 너무 먹어서 숨을 헐떡이는 거구의 아들이 정말 못마땅해요. 그러면서도 충돌을 피하려고 사우나와 마사지에 대해 말해요. 아들은 라일락, 놀이터의 아이들, 산보에 대해 말해요. 소음과 가스로 가득 찬 뉴욕을 견딜 수 없다고 말하면서, 영업을 할 때 그가 머물던 록스버리의 작은 아파트 베란다 의자에 앉아 부드러운 햇살을 즐기던 때를 떠올리기도 해요.

아버지는 도시를 떠나라고, 약을 줄이라고 말해요. 물속에서 운동하라고 해요. 아들은 "사정이 좀 좋아지면…"이라고 말해요. 아버지의 표정이 달라져요. "너, 너무 징징거리지 마. 그게 아주 네 직업이 되겠다." 아들에게 아버지의 이 말은 '내 나이에는 평온하게 지낼 권리가 있다. 날 괴롭히지 마라. 도와달라고 하지 마라.'라는 경고로 들려요. 아들은 자제하겠다는 결심이 무색하게 호소하기 시작해요. 두 사람은 각자의 입장을 쏟아내요. 막아놓았던 봇물이 터지는 듯해요. 아들은 아버지의 고집 센 모습을 보면서 그의 늙음, 특히 죽음에 대한 두려움을 이해하려고 애쓰기도 해요. 그러면서도 자기를 도우려고 하지 않고 더 궁지로 내모는 아버지가 원망스러워요.

아버지는 급기야 아들의 상황에 대해 묻기 시작해요. 냉정하고 집요해요. 아버지의 이성적이고 현실적인 입장이 가차 없이 드러나요. "집을 나온 이유가 뭐냐? 잠자리 문제냐? 그건 모든 부부가 부딪히는 거다. 다 적응하며 살아가는 거다. 내가 처음부터 말했지. 마거릿에게 돈을 많이 주지 말라고. 그 여자는 돈으로 널 옭아매서 다시 돌아오게 하려는 거다. 왜 변호사를 구해서 깔끔하게 해결하지 못하냐?"

다그치는 아버지에게 아들은 억울해서 항변해요. 아버지가 이미 알고 있는 그간의 사정을 반복해요. "아시잖아요. 4년 전 집을 나오면서 그 여자에게 다 주었어요. 집도 저축도 두 아들도. 심지어는 내가 좋아하는 키우던 개까지. 내 변호사와 마거릿의 변호사는 합의했지만 마거릿은 금방 딴소리를 해요. 하여간에 난 아들을 위해서 계속 돈을 보내야 한다고요. 아버지, 나더러 다시 돌아가라고요? 내 명예는 어쩌고요. 그럴 수 없어요."

아버지는 이번에는 아들이 왜 직장을 그만두었는지 추궁해요. 식구를 부양해야 하는 가장의 책임에 대해 말해요. 아들은 다시 우리가 아는 내용을 좀 더 자세하게 나열해요. 자기가 열성을 다해서 일구어놓았는데, 부사장 자리를 약속받았는데, 회사는 그 자리에 친척을 앉히고, 자기가 키워온 지역을 둘로 나누라고 했다고, 자존심이 있지, 더 이상 그 자리에 있을 수 없었다고 해요.

아버지는 아들의 말이 미심쩍어요. 돈이 이렇게 필요한데 못 돌아가는 것은 다른 이유가 있다는 것이지요. "너 여자 문제가 있었던 거냐? 아니면, 남자 문제냐?" 그래요. 이런 질문을 할 만큼 그는 아들을 이해할 수 없어요. 아들은 앞으로 결혼할 예정인 여자친구 올리브에 대해서도 말하지만 아버지는 상관하지 않아요. 아버지는 제 앞가림도 못 하는 주제에 명예니 자존심이니 하는 아들에게 짜증과 혐오감을 금할 수가 없어요.

두 사람의 입장의 차이는 어디서 오는 것일까요? 이런 식으로 계속되는 아버지의 질문 공세에 아들이 초토화되는 모습이 상세하게 묘사되는군요. 혈압이 오르고 숨을 헐떡이다가 자신을 주체하지 못하고 두 손으로 맹렬하게 자기 목을 조르는 시늉을 해요. "마거릿이 이렇게 날 질식시킨단 말이에요."

어처구니가 없다고요? 그러면서도 그의 절박함에 공감한다고요? 그러나 노년의 품위를 지키며 주변의 존경을 받는 아버지는 이런 아들 앞에서 더 이상 참지 못하고 소리를 질러요. "그만둬, 그만두라고. 나한테서 뭘 기대하냐고?" 아들도 제정신이 아닌 듯 외쳐요. "도움이요! 내가 고통받는데 아버지는 날 미워해요. 실패자고 돈이 없으니까요. 내가 돈이 있다면 아버지에게 자랑거리가 되고 우린 좋은 아버지와 아들이 되겠지요. 아버지는 자신의 죽음만 생각하시는데, 그래요, 그건 나도 안됐어요."

"내가 죽어도 넌 계속 살 거야." 아버지의 이 말은 아들에게 마치 아버지처럼 잘난 사람이 먼저 죽는 건 공평하지 않다고 말하는 것처럼 들려요. 아들은 속으로 탄식해요. '왜 내가 뉴욕에 와서 아버지 가까이 살게 되었는가. 뉴욕은 가스실 같은데. 머리가 터지려고 하는데.'

"아버지에게 바라는 것은, 내 말을 들어주고 내 고통을 느껴달라는 거예요. 그것이 내가 원하는 거란 말이에요." 자, 아들의 이 말에 동조할 수 있나요? 아버지가 그의 처지를 동정하면 방세를 못 내는 그를 외면할 수 있나요? 아버지는 지금 냉정하게 그 연결고리를 끊으려고 하는 것이 아닐까요? 그의 말대로 그도 여생을 편하게 지낼 권리가 있지 않나요? 하여간에 아들은 아버지의 몰이해에 충격에 빠져요. 그는 마치 파도에 휩쓸려가는 공처럼 속수무책이 됩니다.

두 사람의 충돌을 통해 우리는 알게 돼요. 아버지는 자수성가한 세대예요. 아들은 성공한 의사 아버지와 교육받은 어머니의 자식으로 성장했어요. 보세요. 두 사람의 이야기가 평행선을 긋다가 어느 순간 아들은 아버지를 위로하듯 말해요. "성공한 아버지와 나를 비교하는 건 말도 안 돼요."

그러자 애들러 박사는 격분해 소리쳐요. "내가 성공한 것은 열심히 노력했기 때문이야. 난 멋대로 굴지도 않았고 게으르지도 않았어. 우리 아버지는 옷 장사를 했어. 우린 아무것도 아니었다고. 알겠어? 나는 기회를 낭비할 수 없었어. 그리고 나는 오직 가족을 위해서 살아왔어. 쿠바로 휴양을 가지도 않았어."

아버지는 흥분해서 말을 멈추지 못해요. "날더러 안 도와준다고 하는데, 너 말이지, 결혼해서 가족이 있는 가장이라 군대에 가지 않아도 되는데 굳이 입대했잖아. 그동안 내가 마거릿에게 꼬박꼬박 수표를 보냈어."

그렇군요. 아버지는 그러니까 무일푼으로 시작해서 오늘에 이르렀어요. 그는 개인의 근면과 성실, 노력으로 아메리칸 드림을 이룬 세대에 속해요. 그리고 지금까지 충실하게 가장의 의무를 다해왔어요. 아들은 의사 집안에서 태어나 먹고사는 것의 무서움을 알 리 없고, 가족 부양의 의무를 절박하게 느끼지 도 못하고…. 그래요. 생존 경쟁을 위한 근육이 발달하지 못한 것일까요? 그런 아들을 돕는다는 것은 아버지에게는 밑 빠진 독에 물 붓기처럼 보이는 것이지요.

아버지는 흥분을 가라앉히지 못하고 단언해요. "이 호텔에도 자식들 돌보는 아버지들이 많다. 그 사람들, 허리가 휜다. 나는 안 그럴 거다, 절대." 그러면서 '땅땅' 못을 박듯 잘라 말해요. "내 등에서 내려. 너도 네 등에 아무도 태우지 마."

이렇게 이날 아침 아버지와 아들의 충돌은 접점을 찾지 못해요. 두 사람이 살아온 시대와 환경의 차이를 실감하게 됩니다. 그리고 이들의 차이는 우리에게도 익숙한 이야기이지요.

다음 강의로 넘어가지요.

Seize the Day

제3강

이렇게 아들은 아버지로부터 돈은 물론 정서적인 지지도 거부당했어요. 그는 낭떠러지에 서 있는 듯해요. 탬킨 박사가 등장하는 것은 이런 상태에서입니다. 기대됩니다.

우리는 앞에서 알았어요. 윌헬름이 탬킨 박사와 공동 투자한 것, 아버지는 탬킨을 수상쩍은 인간으로 여긴다는 것. 이번 강의에서 우리는 탬킨과 윌헬름의 관계를 구체적으로 보게 돼요. 탬킨은 윌헬름의 경제적인 곤경과 초조함, 아버지와의 갈등에서 오는 소외와 결핍 상태를 정확하게 파악해요. 이 부분을 겨냥하고 공략해요. 아버지가 윌헬름에게 주지 못한 이해와 공감을 보여요. 무엇보다 그들이 공동 투자한 종목의 주가가 상승한다는 확신을 줍니다.

앞에서도 말했지만 우리는 탬킨의 말들을 통해서 괴물, 정글로 묘사되는 뉴욕이라는 거대 도시의 실체를, 그 속에서 돈에 중독되고 쫓기는 세태를 확인하게 돼요. 그는 가차 없이 후기 자본주의의 병폐를 폭로하면서, 동시에 바로 그 혼돈 속을 헤엄치면서 살아남아요. 파도에 휩쓸려서도 둥둥 떠가는 코르크 마개처럼 말이지요.

여담인데, 시대에 따라 사기 항목이 다르지 않나요? 그 옛날 안기부가 위세를 떨치던 시대에는 안기부 직원을 사칭하고, 요새는 금융 관련 사기가 흔하지요. 이 소설에서 탬킨 박사가 정신과 의사로 등장하는 것은 위로받고 치료받아야 할 사람들이 그렇게 많다는 뜻이지요.

그래요. 탬킨은 일견 무미건조한 이 소설에서, 뭐랄까, 총천연색 조명을 한순간 내뿜는 역할을 해요. 또는 알록달록한 깃털을 가진 새 한 마리가 잠깐 나타나서 먹이를 낚아채고 휘리릭 사라지는 것 같아요. 이런 인물들의 치명적인 매력이라고 할까요?

좀 더 보세요. 아버지와 정면충돌한 뒤 윌헬름은 식당에서 나와요. 극도로 흥분하고 속수무책이 된 그의 상태가 자세하게 묘사됩니다. 아버지 앞에서 쩔쩔매고 애걸하고 자제하려고 하면서도 폭발해버린 자신에게 그는 외쳐요. "머저리! 하마! 등신!"

구겨진 자존심과 자신에 대한 혐오감으로 비참해진 그는 계속 눈물을 삼킵니다. 그런데 보세요. 이런 자책이 한동안 계속되다가 어느 순간 그는 자신의 이런 상태를 물끄러미 바라보는 것 같아요. 자기비하의 소용돌이에서 비켜서서 자신을 관망하는 듯해요. 그러면서 자기 속에서 일어나는 다른 종류의 생각들을 의식합니다.

우리가 두 번째 만나는 그의 성찰의 내용입니다. '지금 실패와 좌절과 무력감의 짐을 지고 소용돌이를 지나가는 것, 이것이 내 삶의 진짜 의무를 수행하는 것인지 모른다. 이렇게 수치와 모멸감을 느끼며 눈물을 삼키는 것이야말로 내 삶의 숭고한 과제인지 모른다. 실수를 계속하는 것 또한 내 삶의 목적 또는 내 존재의 본질을 나타내는 것인지 모른다.'

그러니까 그는 현재의 불행을 겪고 있는 것이 다름 아닌 자기 삶의 의무, 존재의 핵심을 실현하는 것이라고 생각합니다. 지금 겪는 곤경, 어리석은 실수, 그것이 그가 맹렬히 삶을 살아내고 있다는 증거라고 생각합니다.

쉽지 않은 자기성찰입니다. 그가 처한 곤경 속에서 한 발 물러서서 바라보니, 그것은 도망쳐야 할 질곡이 아니라 자기 삶의 본질이라는 깨달음, 자기는 그 삶의 의무를 이행 중이라는 인식. 그렇다면 말이지요, 월헬름을 낙오자라고 할 수만은 없겠지요. 그는 바라보는 자, 성찰하는 자이기도 합니다.

물론 그의 이런 깨달음은 지속되지 않아요. 방금 식당에서 아버지와 있었던 일이 떠오르면서 그는 다시 분개해요. '내가 아버지에게 원하는 것은 공감이야. 그런데 아버지는 성인이 된 남자는 그런 감정에서 벗어나라는 거지. 내가 회사에 소속되었다는 감정을 가지고 있었기 때문에 상처받은 거니까. 그리고 아버지는 한 순간도 죽음을 잊지 않아. 그리고 돈을 통해 나를 지배하는 거야. 아버지가 가난하다면 내가 그를 얼마나 사랑하는지 그도 알게 될 거야.'

이런 상태에서 탬킨 박사를 로비에서 만나요. 자, 지금부터 탬킨 박사가 어떤 방식으로 윌헬름에게 필요한 말을 하는지, 뉴욕에 사는 사람들의 기이한 행태를 알려주는지, 무엇보다 자신의 능력을 자랑하는지를 우리는 보게 될 것입니다. 그가 사람을 조종하는 기술의 일면을 본다고 할까요.

탬킨 박사는 당장 윌헬름의 흥분 상태를 알아보고 물어요. "무슨 일이 있었소? 당신 얼굴이 잔뜩 긴장했는데?" 아버지에게 무시당한 그는 사정을 털어놔요. 그러면서 자기가 왜 실직했는지 쏟아내요. 지금 그에게는 무조건 들어주는 사람이 필요하고 탬킨 박사는 이를 누구보다 잘 압니다. "아버지와 아들의 문제는 언제나 있는 거고, 당신만의 문제도 아니고. 그리고 당신, 실직했지만 우리가 투자한 주가가 오를 거니까." 이런 식으로 그는 순식간에 윌헬름을 위로합니다.

탬킨 박사는 이 호텔에서 정신과 의사로 알려져 있지만, 애들러 박사는 그를 가짜라고 해요. 그는 누구인가요? 그는 땅딸막하고 목이 짧고 두 어깨는 파고다처럼 치켜 올라갔어요. 감출 것이 많은 듯, 안짱다리군요. 손의 피부는 늙어가고 손톱은 갈퀴처럼 보여요. 그의 큰 갈색 눈동자는 정직해 보이기도 하고 무엇보다 홀리는 듯한 힘이 있어요. 윌헬름은 생각해요. '자연스럽지 않은데, 그가 정말 정직한 거야?'

이렇게 윌헬름은 그를 의심하기도 해요. 그러면서도 함께 투자를 하고 사기를 당해요. 어떻게 설명할까요? 윌헬름의 내면에 자기 판단을 믿지 못하는 요소가 있나요? 그 자신도 궁금해합니다.

탬킨 박사의 경력은 다채로워요. 윌헬름에게 말한 바에 의하면, 그는 지하 갱단의 일원이었어요. 정신병원의 원장이기도 했어요. 텔레비전 방송국 기술 고문도 했고 이집트 왕족들과도 친분이 있었어요. 그가 거금을 투자한 목화를 실은 배가 침몰해 사람들이 익사하기도 했어요. 어떠세요? 이런 다채로운 경력을 가진 사람들은 수상쩍지 않나요? 한곳에서 한 가지 일을 지루하게 묵묵하게, 대부분의 사람들은 그렇게 살지 않나요?

하여간에 윌헬름은 로비에서 그를 만나자마자 주가가 궁금해서 안절부절못해요. 그는 초조해하는 윌헬름에게 말해요. "첫술에 배부르겠소? 오르락내리락하다가 한 건 하는 거지. 돈을 벌려면 일단 투자를 해서 그 흐름을 직접 경험해야 해요. 물속 미역의 상태를 알기 위해서는 물속에 뛰어들어야 하는 것처럼."

그러면서 계속 황당한 이야기를 해요. 마치 윌헬름의 관심을 다른 곳으로 돌리려는 것 같아요. 돈에 미쳐 돌아가는 세상에 대해, 신경쇠약증에 걸린 사람들에 대해, 한밤중 허공을 향해 늑대처럼 울부짖는 고독한 개인들에 대해 말해요.

그는 자기 환자들에 대해서도 말해요. 간질병에 걸린 아름다운 젊은 여자와 그녀의 남동생에 대한 믿을 수 없는 이야기도 해요. 호텔에 머무는 사람들은 모두 비밀이 있고, 숨기고 있는 질병이 있어요. 모든 공직자들은 가면을 쓰고 있고, 성격장애를 앓고 있어요. 그래요. 그가 말하는 뉴욕은 세상의 괴기함과 추악함과 광기가 집약된 곳이군요.

또 있어요. 탬킨 박사에 의하면 현대 사회에서 가장 해롭고 위험한 존재들은 기업가입니다. 잔인하고 거만하고 시끄러운 그들은 거짓말로 나라를 통치해요. 괴질을 퍼뜨려요. 반복하지만, 작가는 탬킨을 통해 뉴욕, 증권거래소로 압축되는 자본주의의 속성을 황당무계한 예를 들어 강조하고 있어요. 그리고 그 속에 진실이 들어 있어요.

윌헬름은 초조함을 감추려고 다시 안정제를 삼켜요. 탬킨은 윌헬름에게 돈에 대한 의견을 쏟아내요. 대단히 기발해요. "보시오. 돈(money)과 살인(murder). 둘 다 'm'으로 시작하잖소. 돈 버는 일은 공격적인 일이오. 사람들이 한번 돈을 크게 벌려고 할 때 'I am going to make a killing'이라고 하잖소. 사람을 죽일 용기는 없으니까 돈을 대용품으로 삼는 것이지." 윌헬름은 그런 이야기를 듣고 있는 자신이 한심하면서도 그가 사람들과 사회에 대해 쏟아내는 촌철살인적인 진단에 감탄해요.

자, 이 부분을 주목하세요. 탬킨 박사는 인간에게는 두 개의 영혼이 있다고 진단해요. 하나는 진실을 추구하는 참 영혼, 다른 하나는 사회적 삶을 사는 가짜 영혼. 문제는 가짜 영혼이 참 영혼을 배반한다는 것이에요. 노예로 만들어요. 참 영혼은 가짜 영혼을 죽이고 싶어요. 그는 말해요. "우리 속에는 참 영혼과 위선적인 영혼, 사랑과 증오가 공존하고 있지. 그래서 모든 살인은 자살이고 모든 자살은 살인이지."

또 이런 말도 해요. 이 소설의 제목이 여기서 왔지요. "난 사람들을 지금 이곳으로 데리고 와. 바로 이 순간으로. 과거는 소용없고 미래는 근심에 차 있어. 오직 현재만이 진실해. 지금 여기, 오늘을 붙잡아."

윌헬름은 주가에 신경이 곤두서 있는 이 와중에도 탬킨의 말을 들으면서 영혼에 대해 생각해요. 내 영혼은 나처럼 보일까? 아버지처럼 보이는 영혼도 있을까? 진실한 영혼은 어디서 힘을 얻는 걸까? 어째서 영혼은 진실을 사랑해야 하는 걸까?

자, 이런 생각을 하면서도 윌헬름은 누군가에게 무조건 매달리고 싶어요. 누가 나타나서 지리멸렬한 자기를 눈부신 새 인간으로 변화시켜주기를 원해요. 한숨이 푹 나온다고요? 그러나 앞을 봐도 뒤를 봐도 절벽일 때, 사놓지도 않은 로또라도 당첨되기를 바랐던 경험들 있지 않나요? 그 정도로 그는 지금 궁지에 몰려 있어요.

그러나 우리는 알아요. 눈 깜짝할 사이에 우리를 새 인간으로 만들어주는 사람은 없어요. 그래요. 저렇게 맹렬하게 울어대는 매미도 7년을 애벌레로 참고 기다렸어요. 마침내 허물을 벗고 나오다가 그 자리에서 멈추기도 해요.

보세요. 이렇게 윌헬름은 자기 삶을 남에게 맡겨버리고 싶지만, 그렇다고 자존감을 포기하는 것은 결코 아닙니다. 앞에서 보았지요? 그가 옛 직장으로, 마거릿에게로 돌아가지 않는 것은 자존심과 명예 때문이에요. 그렇군요. 그는 복잡한 현대인입니다. 자기를 관찰하고, 자책하고, 아버지에게 분개하면서도, 그를 이해하고, 탬킨 박사를 의심하면서도 그의 말에 위로를 받아요. 탬킨 박사가 말해요. "걱정이 돼서 한동안 당신을 치료하고 있었소. 난 돈 생각 안 할 때 치료를 잘해요. 영적인 보상이 크니까." 어떠세요? 돈 생각 안 한다는 그의 말이?

그러나 자기를 치료했다는 탬킨의 말에 윌헬름은 분개해요. 그건 정신을 도둑맞은 기분이 아닐까요? 그는 단호하게 말해요. "나도 모르는 사이에 나를 치료했다고요? 난 그런 것 싫어요." 그는 관심과 배려를 원하지만 다른 사람이 자기를 조종하는 것은 받아들일 수 없어요. 그래서 탬킨이 자신의 성격에 신경병적인 증세가 있다고 하자 즉각 반발해요. "내 성격에 상관 말아요. 난 그런 것 싫어해요."

그가 이렇게 강하게 나올 때마다 영리한 탬킨 박사는 그가 듣고 싶어하는 말을 살짝 덧붙여요. "당신은 예술가 타입이오. 배우잖소." 그러면 윌헬름은 누그러지며 자신이 단역으로 나왔던 옛날 영화의 한 장면을 떠올리기도 해요. 하여간에 그는 타인에게 의지하고 싶으면서도 주체성을 지키고 싶어요. 자존감과 의존심. 양날의 검 같은 것이지요.

계속하지요. 윌헬름과 탬킨은 먼지와 소음, 배기가스 자욱한 브로드웨이를 지나 증권거래소로 걸어가요. 윌헬름은 브라질 정글에 사는, 황소를 순식간에 뼈만 남기고 먹어치우는 담수어 떼, 피라냐를 떠올려요. 거대한 홍수가 자신을 덮칠 거라는 공포도 느껴요. 주식 투자에 대한 불안감과 탬킨 박사에 대한 불신이 이런 식으로 암시되는군요.

그의 불안을 눈치챈 듯 탬킨은 그에게 자작시를 넘겨주며 슬쩍 덧붙여요. "당신에게는 창조적인 능력이 있소. 불안 요인들도 있고." 과연, 탬킨은 사람의 마음을 꿰뚫고 있군요.

Seize the Day

제4강

이제 소설에서는 5장입니다. 어떠세요? 지금까지 윌헬름을 만나면서 그가 어떤 인물인지 감이 잡히나요? 그에 대한 호감 또는 거부감을 느끼는지, 그가 거쳐 가는 곤경에 정서적 연결이 생기고 있는지 한번 생각해보세요.

이번 강의의 중심 공간은 증권거래소입니다. 지금까지는 이 중심부에 들어오기 위한 준비 과정이었다고 할 수 있어요. 우리는 인물들을 호텔 로비, 식당을 중심으로 만나보았어요. 성공한 아버지와 실패한 중년 아들 간의 긴장 및 불화, 그런 상황에서 한 역할을 담당하는 탬킨 박사 등을 보았어요. 이들을 통해 돈이 종교나 가족을 대체하는 현대판 신이라는 암시가 분명해졌어요.

이 강의에서는 자본주의의 탐욕, 자연 파괴, 인간관계의 단절 등이 탬킨의 말을 통해 더욱 본격적으로 강조돼요. 그와 대비되어 윌헬름의 내면으로는 다른 세계, 더 좋은 삶에 대한 기억과 갈망이 이어져요.

이제 탬킨 박사와 윌헬름이 증권거래소로 향합니다. 거리의 과일가게에는 멜론, 라일락, 튤립 등이 진열되어 있어요. 아코디언과 바이올린을 켜는 악사들, 구두 닦는 사람들, 구걸하는 사람들, 손수레들…. 두 사람은 맨해튼의 인파 속을 지나가요.

윌헬름은 문득 생각에 잠겨요. 이 거리와는 전혀 다른 세상으로 미끄러져 들어가요. 그래요. 이날 아침 그의 마음은 계속 다른 곳으로 떠나는군요. 눈앞의 도시가 너무 질식할 것 같아서 그는 숨쉬기 위해 물속으로 잠수를 하는 듯해요.

> ■ ■ ■ 그는 좋은 일들, 행복한 일들, 쉽고 평화로운 일들을 되찾아야 한다고 생각했다. 그럴 수 있을 거라고, 그렇게 될 거라고 믿었다. 그는 실수들을 저질렀지만, 그건 넘어갈 수 있다. 그는 바보 같았지만 그 또한 용서받을 수 있다. 낭비된 모든 시간들, 이 또한 잊어야 한다. 그는 이 도시에서 벗어나야 한다. 아니, 먼저 돈을 되찾아야 한다. (78)

여기 나타난 그의 마음 상태를 보세요. 그는 간절히 단순했던 옛날로 돌아가고 싶어요. 좋았던 삶을 회복할 수 있다고 믿어요. 무엇보다 과거의 실수, 괴로움, 낭비된 시간들, 다 용서받고 새로 시작하고 싶어요. 그러면서 젊었을 때를 기억해요. 그가 아파 누워 있을 때 마거릿이 간호해주면서 시를 읽어주던 목소리를 떠올려요. 그래요. 일확천금을 바라지 않는 그는 주가가 조금 오르면 투자한 돈을 찾아 이 도시를 떠나 단순하고 평온했던 시절로 돌아가고 싶어해요. 대책 없어 보이나요?

하여간에 이렇게 윌헬름은 초조하게 주가가 오르기를 기대하면서도 그의 마음은 경쟁 없는 단순한 세상을 향해 가요. 극과 극의 세계, 그 대비에 주목하게 됩니다.

두 사람은 증권거래소 안으로 들어가요. 경쟁 사회의 압축판. 이곳에서는 주가가, 돈이 사람들의 행동과 말과 사고를 지배해요. 사람들은 눈을 희번덕거리며 쉴 새 없이 변하는 전광판의 숫자에 매달려요. 이곳에 모인 사람들을 보세요. 벽 옆에는 뚱뚱하고 편안해 보이는 중국인 사업가가 앉아 있어요. 투자에 일가견이 있어 보이는 50대 여성 두 명도 보여요. 증권거래소에 들어온 탬킨 박사는 딴 사람처럼 보여요. 초조하면서도 단호해 보여요. 사람들 사이를 헤치고 전광판이 잘 보이는 앞좌석으로 나가요. 윌헬름은 궁금해져요. '저 남자는 무슨 재주로 사람들을 최면 상태로 빠뜨리는가? 아무래도 수상쩍다.'

윌헬름은 롤런드 씨와 래퍼포트 씨 사이에 앉아요. 그의 눈을 통해 이곳에 모인 투자자들의 이력이 소개됩니다. 롤런드 씨는 하버드대학교 3학년이던 1908년에 그의 어머니가 생일 선물로 강철 주 20주를 주었는데 그때부터 경제 뉴스를 읽기 시작했어요. 그 후 그는 법률 일은 접고 평생 주가만 추적했다고 해요. 현재 그의 특화 종목은 콩이군요. 독신 은퇴자로 큰돈이 필요하지도 않은 그는 꾸준하게 일주일에 200달러의 수입을 올려요.

늙은 래퍼포트 씨는 거의 실명 상태인데 계속 윌헬름에게 주가를 묻고, 알려줘도 고맙다는 말도 없어요. 한때 양계업계의 록펠러였다고 하는 그는 지금은 큰돈을 벌고 은퇴했어요. 윌헬름은 양계업이 불길하다고 생각해요. 세일즈맨으로 교외를 달릴 때 그는 자주 외딴 들판의 감옥 같은 닭 농장들을 지나갔어요. 닭들이 알을 잘 낳도록 밤새도록 불이 켜 있고 도살당한 닭들이 에베레스트 산처럼 쌓여 있었어요. 닭이 흘린 피는 멕시코 만을 가득 채울 정도였고 시큼한 닭똥들은 지구를 태울 정도였어요. 아, 끔찍합니다.

그는 지금 옆자리에 앉아 자기에게 질문만 하면서 작은 팁도 알려주지 않는 이 노인을 보며 생각해요. '이것이 수백만 마리 어린 닭들을 도살해서 부자가 되는 사람들의 행태구나. 내세가 있다면 그가 죽인 그 많은 병아리가 그를 기다리고 있을 텐데.'

그러자 래퍼포트 씨가 유대인 속죄일에 부모님을 위해 기도를 드리러 회당에 자리를 예약했는지 물어요. 아니라고 대답하

면서 그는 생각해요. '그래. 가끔 어머니를 위해 기도드려야지. 아버지는 종교가 없으니까.'

하여간에 지금 양계업으로 재벌이 된 이 노인이 계속 언급되지요? 그가 일정한 역할을 하겠군요. 소설의 끝에 그가 어떤 상황에서 다시 등장하는지 알게 될 것입니다.

계속하지요. 윌헬름은 탬킨과 전광판을 지켜보다가 말해요. 자신은 큰돈은 필요 없고 아내와 두 아들을 위해 만 오천 달러만 있으면 된다고요. 탬킨이 말해요. "당신처럼 지적인 사람에게 만 오천 달러는 큰돈이 아니오. 걱정 마요. 당신이 원하는 것보다 더 많이 벌 거니까."

그러면서 다시 탬킨은 맹렬하게 말을 쏟아내요. 자본주의의 특징을 탐욕과 폭력이라 하고 거대 자본가들을 범죄자와 살인자에 비유해요. 한창 번성하기 시작하는 자본주의의 본질을 이렇게 꿰뚫고 있는 것은 놀랍네요. 들어보세요. "그들은 세상을 불태워. 석유, 석탄, 삼림, 철, 흙, 심지어는 공기와 하늘까지 집어삼켜. 당신, 그 적은 돈 때문에 길 위에서 죽을 고생을 할 필요는 없잖아. 그런데 어떤 사람들은 유대인을 좋아하지 않지?"

이런 식으로 탬킨은 자본주의가 세계의 자원을 탕진한다고 규탄하다가, 다음 순간에는 슬쩍 유대인을 비하하는 듯한 말까지 덧붙여요. 이런 능숙한 화술로 그는 윌헬름의 관심이 주가에만 집중되는 것을 막는 것이지요.

그런데 보세요. 웰헬름은 탬킨의 횡설수설을 들으며 주가에서 눈을 떼지 못하면서도 다시 깊은 상념에 빠져들어요. 증권거래소와는 다른 공간으로 가요. 그의 생각은 투기 문명에 대한 비판으로 이어지기도 해요.

이런 무대를 상상해보세요. 사람들이 가득 찬 투기판. 거기 앉아 탬킨과 윌헬름이 번갈아가며 말해요. 탬킨이 자본가의 탐욕과 살생이 지배하는 세상을 규탄해요. 그의 말은 증언이나 보고서, 때로는 과격한 고발로 들려요. 다음 순간, 이와는 다른 장소가 윌헬름의 머릿속에 떠올라요.

가령 전광판에서 그들이 투자한 종목이 오르기 시작하는 듯하자 윌헬름은 그가 한때 살았던 록스버리의 아파트를 떠올려요. 그곳은 증권거래소와는 대척점에 있는 대안 공간으로 등장해요. 지금도 그는 그때의 향기로운 아침 공기를 느끼고 새소리를 들어요. 그러면서 계속 생각합니다. 이 부분은 거의 철학적 에세이처럼 읽혀요. 보세요.

그는 뉴욕이 대변하는 현대 문명의 혼돈과 단절에 대해 생각해요. 가령 내가 물 한 잔을 마시고 싶을 때, 상대방이 알아듣고 물 한 잔을 가져오기 위해서는 길고 어려운 과정을 거쳐야 해요. 천지를 창조한 신에서부터 시작해서 사과 이야기를 하고 아브라함과 모세와 예수를 거쳐요. 다시 로마와 중세, 화약, 혁명, 뉴턴과 아인슈타인, 그리고 레닌과 히틀러까지 설명해야 해요. 그런 뒤에야 "물 한 잔 주세요. 기절할 것 같아요." 하고 말해야 해요. 그러나 이때조차도 내가 마시고 싶은 그 물을 상대방이 가져온다면, 그건 운이 좋은 거예요.

그래요. 물 한 잔에 대한 이 에피소드는 극도로 소통이 단절된 세계, 사람들이 서로 이해하지도, 이해받지도 못하는 세상을 보여줘요. 이곳에서는 미친 사람과 제정신인 사람, 현명한 사람과 어리석은 사람을 구별할 수 없어요. 그는 중얼거려요. "낮에도 혼자 이야기하고 밤에도 혼자 시비를 가려야 하고… 뉴욕 같은 도시에서 말을 걸 수 있는 사람이 누가 있단 말인가."

여기서 윌헬름의 생각이 훌쩍 비약합니다. 그는 며칠 전 지하도를 지나가다가 느닷없이 겪은 일을 떠올려요. 작가가 윌헬름을 통해 전달하고자 하는, 인간에 대한 절대 긍정이 극적으로 나타나는 장면입니다.

보세요. 두 아들과 야구 시합을 보려고 표를 구하러 나갔을 때, 그는 타임스퀘어 지하도를 지나가고 있었어요. 어둡고 열기에 찬 긴 터널 안에서는 서둘러 걸어가는 사람들의 코와 눈과 입이 겉돌면서 괴상하게 보였어요. '더 이상 죄를 짓지 마.' '돼지고기 먹지 마.' 벽에는 낙서가 휘갈겨 쓰여 있었어요. 바로 그때입니다.

그의 가슴속에서 갑자기 이 모든 불완전하고 괴상하게 보이는 사람들에 대한 사랑이 북받쳐 올랐어요. 전혀 예상치 못한 일이었어요. 그는 한 사람 한 사람을 모두 맹렬하게 사랑했어요. 자신도 불완전하고 허물어진 존재이지만, 이 뜨거운 사랑으로 그들과 연결된다면 상관없는 듯했어요. 그는 계속 걸어가며 자신뿐만 아니라 그들 모두를 축복하기 시작했어요. "아, 내 형제들, 내 형제자매들."

그는 이렇게 지하도를 지나가는 뒤틀리고 기이해 보이는 사람들을 향해 그야말로 뜬금없이 무조건적인 사랑을 느꼈어요. 그러면서 실수투성이의 삶을 살아온 자신이 그들과 연결되어 있다고 느껴요. "그렇다. 고립된 개인을 넘어서는 보다 큰 존재에 대한 사랑. 어딘가에 그런 큰 존재가 있을 것이다. 그것은 소외와 혼돈이 사라지고, 모든 것이 단순하며 진실한 그런 상태일 것이다."

어떠세요? 이때 그가 낯선 군중을 향해 느끼는 연민과 애정은 결함투성이 자신에 대한 용서이기도 할 것입니다. 하여간에 이 장면에서 대도시의 지하도를 지나가는 기이한 군상과 그들을 향해 맹렬한 연민을 느끼는 그의 모습이 오버랩되는데, 이상하지요? 뭔가 그답다는 생각이 들어요. 어울리는 듯해요.

다시 말해 그 엉성하고 실수투성이의 그에게 타인에 대한 대책 없는 사랑이 들어갈 여지가 있다는 생각이 드는 것이지요. 바늘 하나 들어갈 틈 없는, 그런 야무진 모습과는 다르지 않나요? 물론 그의 이런 감정은 순식간에 지나가요. 그러나 중요한 것은, 그때가 진실하고 올바른 순간이고, 그는 다시 그 상태로 돌아가야 한다고 믿는다는 것이지요.

계속 보세요. 이곳이 증권거래소인 거, 아시지요? 윌헬름이 이렇게 생각 속으로 빠져든 사이, 탬킨과 함께 투자한 종목의 주가가 올랐군요. 지금 팔면 그들이 라드에서 잃은 것을 만회할 수 있군요. 윌헬름은 팔자고 해요. 금방 폭락할 수 있으니까. 무엇보다 그는 도박에 지쳤어요. 탬킨의 생각은 달라요. 팔자고 하면 팔겠지만, 그러나 건강하고 객관적인 성격을 가진 사람들은 묵묵히 기다릴 줄 안다고 해요. "당신, 내가 말해준 대로 '지금 여기'에 집중해요. 그래야 미래와 과거에 대해 너무 생각하지 않게 되는 거요. 혼돈에서 벗어날 수 있는 거요. 오직 현재, 영원한 현재만 아는 거요."

윌헬름은 생각해요. 이 사람이 지금 나를 홀리는 건가. 주식을 팔자는 내 마음을 다른 곳으로 돌리려는 건가. 그러면서 다시 그의 생각은 과거를 향해요. 아픈 그를 마거릿이 간호하고 있어요. 그에게 시를 읽어줘요.

그래요. 탬킨의 충고와 달리 윌헬름에게 현재는 혼돈과 근심으로 차 있어요. 그에게는 과거의 시간이 순결과 평화로 연결되어 있어요.

Seize the Day

제5강

우리는 증권거래소의 풍경을 보았어요. 윌헬름은 자기가 투자한 종목의 주가가 올라가는 것을 보고 팔자고 하고 그때마다 탬킨은 최면을 걸듯이 말렸어요. 점심을 먹으러 증권거래소를 나왔을 때 그들이 투자한 종목의 주가는 여전히 오르고 있었어요.

식당입니다. 이곳에서 두 사람의 대화는 개인사, 특히 탬킨의 기이한 가족사에 집중됩니다. 가족 간 불화, 헤어짐, 소통 부재 등등. 이런 이야기를 들으며 우리는 다시 확인하게 돼요. 파괴되고 뒤틀린 인간관계가 거대 도시 증권거래소를 배경으로 말해지는 거예요. 그래요. 병든 인간관계는 이들이 살고 있는 대도시의 상태를 보여주는 것이기도 합니다. 마치 소돔과 고모라에서 일어나는 일들은 소돔과 고모라에 대한 논평이듯 말이지요.

자, 탬킨은 처음으로 자기 가족에 대해 말해요. "그(아버지)는 굉장한 가수였소. 오페라 가수와 사랑에 빠져서 우리 어린 다섯 형제를 떠났지. 그에게 유감은 없어요. 오히려 그가 삶의 원칙에 충실한 것을 찬미해요. 나도 그렇게 하고 싶으니까. 그가 떠나고 20년 후 나는 이스트먼 코닥 사에서 실험을 하고 있었는데, 그때 늙은 그를 만났소. 그는 다섯 아이를 더 두고 있었소. 그는 부끄러워 울었지만 난 그에게 유감은 없었소." 그는 자기 아내에 대해서도 말해요. "지독한 알코올중독자였지. 저녁에 외식하러 나가면 화장실에 가는 척하고 술집으로 사라졌지. 그래도 난 그녀를 사랑했고 치유하려고 노력했소. 나의 소명이니까. 그 여자는 자살했어요."

그러면서 탬킨은 다른 사람의 아픔에서 도망치고 싶지만 그럴 수 없다고, 자기는 치유자이고 휴머니스트라고 강조해요. 그러고 보니 아무도, 탬킨조차도 가족으로부터 자유롭지 못하군요. 모두 가족이라는 짐을 지고 있군요. 윌헬름은 탬킨의 이야기에 반신반의하면서도 자신과 아버지의 관계에 대해 더 자세하게 말하기 시작해요. 두 아들과의 관계도 생각하게 돼요.

탬킨은 그에게 아버지를 사랑하는지 물어요. 아버지가 죽으면 그에게 유산을 남겨줄 것이니 미리 계획을 세워놓으라고 합니다. 이 부분 주목하세요.

물론 윌헬름은 자기를 도와주지 않는 아버지가 섭섭해요. 그런데 지금 아버지의 유산에 대해 들으면서 그는 별다른 감정을 보이지 않아요. 오히려 아버지의 죽음, 그리고 자신이 아버지를 얼마나 사랑하는지에 생각이 미치자 자기도 모르게 울컥해요. 그는 마치 물고기가 낚싯줄을 덥석 물었을 때처럼 격렬한 감정에 휩싸여요.

그래요. 여전히 그는 '아버지, 어머니'라는 말만 들어도 뭉클해져요. 그러면서 지금은 말도 잘 안 하는 누이동생 캐서린에 대해서도, 어린 두 아들에 대해서도 생각해요. 아이들과 함께 야구장에 갈 때 그는 왕년의 야구 스타들에 대한 이야기도 해줘요. 언젠가 마거릿 때문에 아이들과 멀어질 거라는 생각에 견딜 수 없어져요.

그는 또 지금 사귀고 있는 사랑하는 올리브 생각을 해요. 마거릿이 이혼을 해줘야 그들은 결혼할 수 있어요. 일요일이면 그는 사람들의 눈을 피해 성당에서 떨어진 곳에서 올리브를 차에서 내려줘요. 신부들은 그들의 사랑보다는 교리를 더 중요하게 생각해요. 그래요. 이 소설에서는 가족의 붕괴만이 아니라 종교 또한 개인들의 삶과 유리되고 있어요.

윌헬름이 가족에 대한 생각에 빠져 있는 동안에도 탬킨은 현대 사회에 대한, 개인에 대한 말들을 쏟아내서 그를 놀라게 해요. '사기꾼에게 이런 통찰력이 있단 말이야?' 그럼요. 사기꾼이니까 가능하지요. 그는 결점 많고 취약한 사람들의 심리와 세상 돌아가는 이치를 정확하게 파악하고 있어요. 그래야 자신이 원하는 것을 얻을 수 있어요. 가히 인간학에 통달한 수준이지요. 보세요.

"지금 사람들은 모두 고통에 중독되어 있지. 이 나라의 7퍼센트는 술로, 3퍼센트는 아편으로 죽어. 무엇보다 60퍼센트는 권태로 죽어. 20퍼센트는 영혼을 악마에게 팔았지. 오직 소수의 인간만이 살기를 원하지. 보쇼. 전쟁이 왜 일어나겠어? 모두 죽기를 원하기 때문이지."

월헬름은 생각해요. '이 남자는 오늘 정말 기발한 생각을 하는구나.' 그래요. 그는 마치 이날 윌헬름에게 마지막 서비스를, 윌헬름이 투자한 돈만큼의 상담을 해주려고 작심한 것 같아요.

그는 이런 말도 해요. "당신 아버지는 당신을 부러워하지. 사람들은 자기 아내를 떠나는 사람을 질투하거든." 이런 충고도 해요. "왜 마거릿이 당신을 괴롭히게 놔두나. 그 여자의 게임에 놀아나지 말고, 고통받지 마. 사람들은 마치 고통과 결혼한 것처럼 같이 먹고 자고 하지. 쾌락을 누리면 간통한다고 생각하면서. 많은 사람들이 고통에 자신을 바치지만 당신은 그렇지는 않아. 자신의 감정들을 열어놓잖아. 제발 고통을 직업으로 삼지 마. 사람들은 마치 고통을 겪지 않으면 남는 것이 아무것도 없다고 생각하지."

월헬름의 아버지도 고통에 대해서 비슷한 말을 했던 것을 기억하지요? 윌헬름도 이 사기꾼이 백 가지 거짓말을 해도 이 말은 진실이라고 인정해요. "마거릿은 나이 들어가잖아. 자유롭게 젊은 여자와 만나는 당신을 질투하는 거야." 그러자 윌헬름은 마거릿의 젊은 시절을 떠올리며 슬퍼집니다. 단정한 푸른색 울 정장에 같은 천으로 만든 부드러운 모자를 쓴 그녀의 모습. 그는 고개를 숙여 모자 아래로 그녀의 맑고 단정한 얼굴, 생기 있는 두 눈, 반듯한 코와 자그마한 턱을 들여다보았어요. 서늘한 날이었고 그는 태양 속에서 소나무 향기를 맡았어요. 샌타바버라에서 있었던 일이지요.

그렇군요. 그는 현재 마거릿 때문에 고통받고 있지만 그가 기억하는 마거릿은 아름답고 순결해요. 현재가 과거의 기억을 망가뜨리지 않아요. 그의 능력, 현재의 불화에도 불구하고 과거의 아름다웠던 마거릿을 기억할 수 있는 힘은 어디에서 올까요? 지금 불행하다 해도 그가 여전히 소중한 것들을 안고 있기 때문이 아닐까요? 어린 두 아들에 대한 애정, 아버지, 어머니를 생각하면 뭉클해지는 마음, 그리고 올리브에 대한 사랑, 이런 것들이 지금 이곳에서의 그의 삶을 지탱해주는 듯합니다. 이것이 삶에 대한 그의 잠재력이겠지요.

탬킨의 황당한 이야기가 계속되자 윌헬름은 다시 의문이 들어요. '사기꾼. 거짓말. 그런데 나는 지금 이런 자와 뭘 하고 있는가? 왜 그에게 700달러를 주었는가?' 그러더니 그는 아주 중요한 생각을 합니다. '하여간에 나는 지금 그의 등에 업혀 있어. 그의 등에서 내리기에는 너무 늦었어.'

월헬름의 아버지가 그에게 했던 말, 생각나지요? "내 등에서 내려. 너도 네 등에 아무도 태우지 마." 그런데 그는 지금 자기가 탬킨의 등에 업혀 내릴 수도 없다는 것을 깨닫고 있습니다. 700달러를 공동 투자한 그는 탬킨에게 얽매어 있는 것이지요. 이런 식으로 작가는 이 소설이 어떻게 끝날 것인지를 암시합니다.

그들은 점심을 먹고 식당에서 나와요. 증권거래소가 가까워질수록 월헬름의 생각은 눈앞의 돈 문제에 집중됩니다. 그의 마음이 급해져요. 라드 주가가 떨어졌을지도 모른다는 생각에 탬킨을 재촉해요. 이때 전환점이 생깁니다.

양계업으로 돈을 번 늙은 래퍼포트 씨가 쓰러질 듯 힘겹게 걸어오고 있는 것이 보여요. 생각나지요? 월헬름 옆자리에 앉아 그에게 전광판의 숫자를 물어대면서도 투자에 관한 작은 팁도 주지 않던 노인네. 그가 이제 결정적인 역할을 하는군요.

래퍼포트 씨는 두 사람을 보자 소리쳐요. 시가 가게에 데려다 달라고 명령하듯 말해요. 마음이 급해진 월헬름은 탬킨에게 그를 도우라고 하지만 탬킨은 거절해요. "당신을 원하잖소. 그를 돕는 것이 지금 이곳에서 당신이 해야 할 중요한 일이오. 주식시장이 어디로 갈 것도 아니고. 노인에게 존경심을 보이시오." 아, 그는 윌헬름을 꿰뚫고 있어요. 윌헬름은 주가 때문에 속이 타면서도 노인의 청을 거절하지 못해요. 속으로 욕을 내뱉으면서도 노인의 고집대로 브로드웨이 길을 건너 그가 피우는 시가를 파는 가게로 가요. 우리는 이미 사태를 짐작하기 시작해요.

윌헬름이 쓰러질 듯한 노인을 부축해서 다시 길을 건너 증권거래소로 왔을 때 그의 투자 종목, 라드와 호밀의 값은 폭락했어요. 그는 허둥거리며 탬킨을 찾지만 보이지 않아요. "탬킨 박사는 메인으로 여름 휴가를 간다고 하던데?" 누군가가 말해요.

그래요. 윌헬름은 사태를 알아차려요. 주가는 폭락했고 탬킨은 사라졌어요. 그러나 그는 매순간 전광판 숫자가 바뀌는 이곳에서 제정신을 잃지 않기 위해 안간힘을 써요. "당신, 망한 거요?", "아니요, 최악은 아니에요. 일시적인 현상이니까."

그는 울음을 터뜨릴까 봐 무서웠지만 거짓말이 그를 도왔어요. '울지 않을 거다. 이들 앞에서 울음을 터뜨리면 끝장이다.' 그럼에도 불구하고 참고 있는 눈물은 계속 솟구쳐서 그는 익사 직전인 듯해요. 보세요. 계속 이렇게 익사 직전의 그의 모습이 묘사돼요. 이것은 소설의 끝에서 그가 낯선 사람의 장례식장에서 통곡을 하는 장면으로 이어질 것입니다.

Seize the Day

제6강

탬킨이 사라지자 윌헬름은 번개같이 깨달아요. '그가 내 등에 업혀 있었어. 내가 그의 등에 업혀 있는 줄 알았는데. 마거릿과 탬킨, 그들이 갈고리처럼 내 등을 움켜쥐고 산산조각을 내고 있어. 나를 짓밟고 작살내.'

이제 소설이 어떻게 끝나는지 보세요. 그는 증권거래소를 나와 소음과 매연에 찬 맨해튼을 지나 호텔로 돌아와요. 탬킨을 찾아 화장실로 갔다가, 청소부가 열어놓은 탬킨의 방으로 갔다가, 허둥거리며 제정신이 아닌 그를 상상해보세요. 그런 상태에서 연달아 그와 아버지, 그와 마거릿의 충돌이 일어나요. 이때의 그의 상황이 소설의 끝, 낯선 사람의 장례식장에서 통곡하는 그의 모습과 어떻게 연결되는지 보세요.

자, 탬킨을 찾을 수 없는 그에게 남은 길은 무엇인가요? 그는 지하 사우나실로 아버지를 만나러 가요. 아침에 있었던 두 사람의 언쟁을 상기하면서 이들의 두 번째 대면을 보지요. 김이 자욱하게 서린 유리창을 통해 수영장의 연두색 물이 출렁거리는 것이 보여요. 그는 타월로 몸을 감싼 두 남자가 탁구를 치고 있는 라커룸을 지나, 흑인이 구두를 닦고 있는 화장실을 지나 마사지실로 내려가요.

지상도 아니고 완전 지하도 아닌, 습기 자욱한 흐릿한 공간. 테이블마다 벌거벗은 남자들이 눈 감고 몽롱하게 누워 있는 곳. 이곳에서 일어나는 아버지와 아들의 격렬한 대면은 그래서 현실감이 없는 듯해요. 애들러 박사는 네 번째 테이블에 누워 있어요. 갓난아기처럼 발가벗은 작은 몸을 마사지사에게 맡긴 팔순의 아버지의 모습이 보여요. 아버지의 갈비뼈들은 좁고 작았고 그의 배는 둥글고 희고 볼록했어요. 허벅지는 약했고 두 팔의 근육들은 늘어져 있었고 목은 주름투성이였어요.

어떠세요? 아들이 마주하고 있는 것은 의사이자 재력가라는 사회적 의상이 다 벗겨진, 태어날 때처럼 속수무책의 작은 모습입니다. 그런데 지금 거구의 중년 아들이 그에게 매달리려 합니다. 아들이 왔다는 소리에 눈을 뜬 아버지는 즉시 사태를 알아차리고 방어적이 돼요. 그래서 건강을 위해 사우나를 하러 왔느냐고 부드럽게 물어요.

이어서 아버지와 아들이 탁구공을 치고받듯 숨차게 말을 주고받아요. 작고 늙은 아버지의 발가벗은 모습과 엉거주춤 구부정한 거구의 아들을 떠올려보세요. 아들은 자기가 탬킨과 공동 투자를 했고 그에게 사기를 당했다고 이실직고해요. 이번 달 호텔비를 도와달라고 해요. 아버지는 더 이상 참지 못하고 외쳐요. "몇 번을 당해야 배울 거냐? 똑같은 실수를 반복하고.", "아버지, 정말 그래요. 똑같은 실수를 하고, 계속해서 당해요. 저는 어리석어요. 숨이 막혀요. 질식할 것 같아요."

아버지가 폭발하지 않으려고 안간힘을 쓰는 것을 아들은 알 수 있어요. "듣기 싫다. 난 짐을 새로 떠안기에는 너무 늙었다." 아들은 매달려요. "아버지, 돈 문제만이 아니라고요. 한마디만 해주세요. 정말 도움이 될 거예요. 아버지는 제가 원하는 것을 요만큼도 주지 않았어요."

콧구멍을 벌렁거리면서 애원하는 아들의 모습이 아버지를 더 역겹게 만들어요. "더 이상 못 참겠다!" 아버지는 시트로 몸을 감싸고 일어나며 외쳐요. "넌 지금 내 십자가가 되려는 거냐? 난 그 십자가를 지지 않겠다. 네가 죽는다 해도.", "아버지, 들어보세요. 제발, 제발.", "당장 꺼져. 너 같은 인간, 보기만 해도 역겹다."

그래요. 이 상황에서 아버지는 아들에게 무슨 소리를 더 할 수 있겠어요? 아들은 아버지에게 무슨 소리를 더 할 수 있겠어요? 독자들의 입장에서는 아들과 아버지에 대해 각각 어떤 생각을, 어떤 말을 할 수 있겠어요?

부모 입장이 되어보세요. 이런 상황에서 부모가 자식에게 무슨 말인들 못 하겠어요? 그렇다면 아버지가 이해되지 않나요? 아버지의 분노는 여전히 아들을 포기 못 하는 상태를 나타내는 것이기도 합니다.

아들의 입장은 어떨까요? 아버지에게서 이런 말을 듣는다면? 놀라운 것은 아들의 반응인 듯해요. 그는 아버지의 외침을 들으며 격분하지만, 곧 차분해져요. 비참하고 속수무책이 됩니다. 그리고 조용하게 말해요. "그래요. 아버지, 됐어요." 그리고 호텔 로비로 돌아옵니다.

이런 생각이 듭니다. 지금까지 탬킨의 입을 통해 쏟아져 나왔던 자본주의의 특징, 탐욕과 약탈과 경쟁, 돈이 모든 것을 좌우하는 그 속성이 개인들의 삶과 가치를 병들게 했어요. 그것이 지금 우리 앞에서 아버지와 아들이라는, 그리고 부부라는 원초적인 인간관계에 집약되어 나타나고 있어요.

엎친 데 덮친 격이란 이런 경우를 두고 하는 말일까요? 이런 상태에서 그를 기다리는 것은 마거릿에게서 온 메시지입니다. "위급. 전화 요망. 미세스 윌헬름." 그는 마거릿에게서 '위급'이라는 전보가 올 때마다 제정신이 아니에요. 아들에게 무슨 일이 있나? 조금 전 아버지와의 언쟁으로 제정신이 아닌 그에게 전보는 충격을 더합니다. 이어지는 장면들을 보세요.

그는 공중전화 부스 안으로 허둥거리며 들어가 동전을 집어 넣고 다이얼을 돌려요. 마거릿의 음성이 들리고 곧이어 그는 손짓 발짓을 해가며 고함을 지르고 부스 벽을 두들겨요. 사정을 했다가 윽박지르다가 다시 애걸하는 중년 남자. 그의 절박한 상황을 작가가 코믹하게 그려내는 모습에 감탄하게 돼요.

그는 마거릿과의 통화에서도 완패합니다. 우리는 윌헬름의 생각 속에서만 등장했던 마거릿의 말을 이때 처음 듣게 돼요. 차분한 그녀의 음성과 다급하고 거친 그의 말소리. 윌헬름은 아들들이 무사하다는 말에 일단 안도합니다. 그리고 마거릿과의 두서없는, 흥분된 설전이 이어져요. 나는 지금 죽기 직전이고 당신에게 보낼 돈이 없다. 나는 당신이 학위를 하나 더 따면 취직하는 줄 알았다. 등록금을 대지 않았느냐. 제발 취직을 해라.

마거릿의 반응은 냉정하고 단호해요. "돈을 보내요. 그리고 난 취직할 수 없어요. 사춘기에 들어서는 두 아들에게 부모가 옆에 있어야 해요." 그러면서 그의 아버지처럼 그녀 또한 윌헬름에게 직장으로 돌아가라고 해요. "당신, 더 이상 십대가 아니에요. 곧 은퇴할 나이에 새로운 시작이라니."

윌헬름에게 그녀의 말들은 그를 집으로 유인하는 것처럼 들려요. 좁은 전화 부스 안에서 그는 더욱 흥분해요. 이를 악물고 속으로 다짐해요. '당신에게도, 직장에도 무릎 꿇고 기어들어갈 수 없다.' 마거릿은 이런 윌헬름의 태도가 익숙한 듯 먼저 전화를 끊어요. 끊어진 수화기에 대고 고함을 지르고 손짓 발짓 허우적거리는 그를 밖에서 웬 여자가 놀라서 쳐다봐요.

자, 지금까지 우리는 아침부터 윌헬름을 따라왔어요. 이렇게 그는 아버지와 탬킨, 그리고 마거릿에게 다 내침을 당해요. 그는 밀려오는 홍수에 휩쓸리기 직전입니다.

이제 작가는 어떤 방식으로 이야기를 마무리할까요? 절망의 바닥을 친 그는 예기치 않은 장소에서 익사 직전에 물위로 솟아오르는, 새롭게 태어나는 듯한 경험을 해요.

보세요. 전화 부스 밖으로 나온 그의 눈에 뿌옇게 떠 있는 오후의 맨해튼은 대단히 비현실적으로 보입니다. 인파 속으로 걸어가는 그의 눈에 저만큼 앞서서 굉장한 장례식 차량과 사람들, 교통경찰들이 보여요. 그 사이로 언뜻 모자 쓴 탬킨의 모습이 보이는 듯해요. 그는 허겁지겁 밀치며 앞으로 다가갔지만 탬킨은 그곳에 없어요.

그렇게 해서 그는 떠밀리듯 낯선 사람의 장례식이 거행되는 회당 안으로 들어오게 됩니다. 유대교회당이군요. 지금까지 이 소설에서 작가는 주인공이 유대인이라는 것 외에는 유대적인 특징을 거의 드러내지 않았어요. 얼핏 지나가는 말로 어머니 기일에 회당에 다녀온다던가, 사람들이 유대인을 좀 차별한다던가, 도시의 지하도 벽에 "돼지고기 먹지 마."라는 낙서가 있다던가 하는 식의 언급이 있을 뿐이었어요. 그런데 지금 쓰러지기 직전의 그가 들어온 곳은 낯선 이의 장례식이 거행되는 유대교회당입니다.

계속하지요. 선풍기가 돌아가는 어둡고 서늘한 실내에는 백합과 라일락과 장미 화환이 줄지어 서 있어요. 그는 손수건으로 땀을 닦아내며 오르간 소리에 긴 한숨을 쉽니다.

탬킨의 모습인 듯해서 서둘러 쫓아왔는데, 이렇게 모르는 사람의 장례식장 안으로 들어오게 되었군요. 마치 탬킨이 사라지면서 그를 이 공간으로 안내한 듯하군요. 윌헬름은 이날 처음으로 제정신을 좀 차리는 듯합니다. 작가가 어떤 식으로 이야기를 마무리하는지 보세요.

그는 탬킨에 대한 생각은 잊어요. 낯선 조문객들 속에 섞여 천천히 움직이며 두근거리는 마음으로 관 앞에 멈춰 서요. 죽은 사람의 얼굴을 멍하니 내려다보며 깊은 슬픔에 잠겨요. 지금까지 그는 아버지를 통해 노년과 죽음에 대해 계속 생각해왔어요. 그런데 지금 예기치 않게 낯선 사람의 죽음과 마주하게 되었어요.

그래요. 정작 그가 마주한 죽음의 모습은 무섭지 않아요. 머리가 희끗하고 얼굴이 길고 여윈 편인 그 사람은 늙지 않았어요. 그는 깊은 잠 또는 깊은 생각에 잠긴 듯해요. 정장 셔츠에 넥타이, 화장된 피부, 그는 단정해 보였지만 푹 들어간 눈은 검게 보였어요. 윌헬름은 어느 순간부터 소리 없이 눈물이 솟는 두 눈으로 그 사람의 얼굴을 자세히 봐요. 숨죽인 슬픔으로 찬미하듯 계속 고개를 끄덕여요. 그러다가 돌연 반전의 순간이 와요.

그래요. 우리는 이날 하루 윌헬름이 주가가 오르내릴 때마다 쓰나미에 휩쓸리는 듯한 위기를 느끼던 것을 보았어요. 그런데 그런 위기의 순간들이 지금 장례식에서 통곡으로 터지는 듯해요. 그는 마치 물의 세례를 받고 거듭나는 듯해요.

물은 탄생 또는 생명 그 자체, 우주 만물의 원천으로 신성시되지요. 물의 세례를 받는다는 것은 물이 갖는 정화와 재생을 약속받는 표시이지요. 옛날 어머니들이 자식들을 위해 첫새벽 정화수를 떠서 장독대에 놓고 두 손 모아 비는 모습. 우리에게 각인된 모습이지요.

하여간에 이 소설에서 작가는 물의 이미지를 적절하게 사용하는 듯해요. 곳곳에 주인공의 위기감을 익사 직전의 상태로 표현하다가 소설의 끝에 그가 눈물의 홍수에 잠겼다가 다시 떠오르는 장면으로 연결해요. 여러분, 물과 강에 얽힌 동서양의 신화를 한번 읽어보세요. 가령 우리나라의 「심청전」이나 「바리데기 공주」부터 시작하는 거죠.

하여간에 우리는 오늘 하루 그가 거쳐 온 일들을 알아요. 아버지와의 불화, 마거릿과의 언쟁, 탬킨의 사라짐. 그는 지금 파

산 직전의 막다른 골목에 있어요. 그런 상태에서 낯선 이의 장례식이 진행되는 이 회당 안으로 들어왔어요. 어둡고 경건한 공간. 죽은 이를 애도하는 향냄새와 꽃들과 음악.

그래요. 윌헬름의 가슴속에 쌓인 응어리들이 풀어지며 터져 나오기 위한 이보다 더 절묘한 장소는 없어 보여요. 그는 어느 순간 설움이 복받쳐서 통곡하기 시작해요. 몸 안에 쌓여 있던 회환과 후회, 실패와 좌절, 열등감들이 거대한 둑이 무너진 듯 터져 나와요. 그런 순간이 계속돼요. 그러다가 뜻밖에도 그는 천천히 새로워지는 느낌과 만나요. 자신의 전 존재가 물의 세례 속에서 정화되는 경험을 해요.

■ ■ ■ 윌헬름은 울기 시작했다. 처음에는 소리 없이, 그러나 이윽고 소리 내어 흐느꼈고 그의 얼굴은 일그러지고 달아올랐다. (…)
그는 멈출 수가 없었다. 어둡고 깊고 뜨거운 눈물보가 그의 속에서 갑자기 터져 올라 쏟아져 나왔다. (…) 자제하려 했으나 소용없었다. 그의 목 안에서 엄청난 고통과 슬픔의 뭉치가 솟구쳤고 그는 완전히 자신을 내맡긴 채 울었다. 온 가슴을 다해 울었다.
회당 안에 있는 사람들 중에서 그 혼자만 흐느끼고 있었다. 아무도 그가 누구인지 몰랐다. (…) 눈물에 젖어 앞이 보이지 않는 윌헬름의 눈에 꽃들과 불빛들이 황홀하게 뒤섞였다. 장중한 바닷소리 같은 음악이 들렸다. 그것은 행복하고 엄청난 망각의 눈물 속에서 군중 속

> 에 자신을 숨기고 있던 그를 향해 쏟아져 들어왔다. 그는 음악 소리를 들었고 간헐적인 흐느낌과 통곡 속에서 자신의 가슴 깊이 궁극적으로 원하는 충족감을 향해 슬픔보다 더 깊게 가라앉았다. (117–118)

그는 쏟아지는 눈물 속에서 자기의 온 존재의 욕구가 응답받는 듯한 충일감과 만납니다. 삶의 유한성을 확인하고 자기 승화의 순간을 경험합니다.

그래요. 지금까지 우리는 윌헬름을 통해서 뉴욕이라는 거대 도시에서 경쟁과 탐욕의 논리가 어떻게 개인들을 좌절시키는지를 확인했어요. 이런 세계에서 실패와 모멸을 감내하며 인간으로서의 긍지를 지키려는 윌헬름은 유대교회당 안에서 낯선 이의 죽음과 마주하며 자기 자신과 아버지와 화해하는 듯한 충만한 희열과 만나는 것이지요. 대단히 극적이고 함축적인 마무리라는 생각이 듭니다.

2부

점원

The Assistant

버나드 말라머드Bernard Malamud

The Assistant

제1강

자, 안녕하세요. 이제 말라머드의 소설 『점원』을 시작합니다. 여러분에게 버나드 말라머드는 생소한 작가이지요? 우리나라에서는 대중적으로 널리 알려지지는 않았지만 소설 읽는 사람들에게는 중요한 작가이지요. 그의 이야기들은 재미도 있고 호소력도 강합니다.

앞에서 말했지요? 버나드 말라머드는 솔 벨로, 필립 로스 등과 함께 20세기의 대표적인 유대계 미국 작가입니다. 그는 1914년 뉴욕 브루클린에서 러시아계 유대인 이민자 부모 사이에서 태어났어요. 뉴욕시립대학교에서 학사학위를, 컬럼비아대학교에서 토마스 하디Thomas Hardy에 관한 논문으로 석사학위를 받아요. 그는 은퇴할 때까지 오리건주립대학교, 베닝턴대학교 등에서 가르쳤어요. 1967년 미국학술원 회원이 되었고, 1986년 71세에 맨해튼에서 사망해요.

평생을 대학에서 가르치며 창작에 전념해온 그는 8권의 소설과 4권의 단편집을 발표했어요. 그의 단편들은 절제된 묘사와 시적인 문장으로 상징과 알레고리의 정수를 보여준다는 평을 받아요.

그는 야구 소설 『내추럴The Natural』에서 무명의 중년 야구 선수의 삶을 추적해요. 이 소설은 영화로도 만들어졌어요. 단편집 『마법의 통Magic Barrel』으로 첫 번째 전미도서상을 받아요. 『수선공The Fixer』에서는 제정 러시아 시대의 유대인 숙청에 대해 다뤘어요. 이 책으로 두 번째 전미도서상과 퓰리처상을 수상합니다. 『세입자들The Tenants』에서는 뉴욕을 배경으로 미국 사회의 인종 문제의 배경을 다루고 있어요. 작가 연보를 참고하기 바라요.

말라머드의 작품에는 유대인적인 특징이 강하게 나타나요. 인물들이 거쳐 가는 고난에 찬 일생은 유대인이라는 사실과 긴밀하게 연결되어 있어요. 유대인이므로 겪어야 하는 고통의 의미가 보편적인 인간 조건으로 확대됩니다.

말라머드는 유럽과 러시아 등에서 박해를 피해 미국으로 이주한 유대인들을 중심으로 디아스포라 문제에 천착해요. 소외와 차별, 절망 속에서 미국 사회에 동화되어가는 과정, 유대의 전통을 고수하면서 사랑과 희생, 고통을 거치며 정직하게 살아가는 모습을 보여줍니다.

『점원』의 주인공, 가난한 늙은 유대인 모리스 부버는 평생을 감옥 같이 좁은 식료품 가게에서 벗어나지 못해요. 그는 사람을 잘 믿고 다른 이들을 챙기고 그들의 고통에 공감해요. 추운 겨울 가게에 들른 지인에게 레몬 조각을 띄운 뜨거운 홍차를 건네요. 그리고 꿈을 포기하지 않아요. 직장에서 일하며 생활비를 보태는 딸을 야간대학에라도 보내고 싶어해요.

그의 가게는 가난한 이민자들이 모여 사는, 비유대인 구역에 자리 잡고 있어요. 보이지 않게 유대인에 대한 차별을 받기도 하고 때로는 강도의 표적이 되기도 합니다.

이 낙후된 지역에 크고 번듯한 슈퍼마켓이 들어서요. 우리에게도 익숙한 젠트리피케이션gentrification이 일어나고 있는 것이지요. 모리스는 이런 현실 속에서 낡은 가게를 지키고자 안간힘을 씁니다.

그래요. 이 소설 속에서는 20세기 초 뉴욕 브루클린 작은 골목의 풍경이 오래된 흑백사진처럼 살아나요. 놀라운 것은 이 막막하고 음울한 사람들의 이야기가 짧고 투명한, 거의 시적인 문장으로 쓰였다는 점이에요. 읽으면서 엉뚱하게 이런 전래동화가 떠올랐어요. 한겨울 천지에 흰 눈이 내렸어요. 딸기를 먹고 싶어하는 병든 어머니를 위해 아들은 들판을 헤매요. 그리고 눈 속에서 빨간 열매들을 발견해요.

우리가 읽은 벨로의 소설이 자본주의와 아메리칸 드림에 대한 질문을 제기했다면 이 소설 역시 미국의 또 다른 모습을 통해 같은 질문을 해요. 새로운 기회를 찾아 온 이민자들, 성공과 교육에 대한 그들의 기대와 좌절, 뿌리 내리지 못하고 떠도는 사람들, 이런 이야기들이 모리스의 구멍가게를 중심으로 전개됩니다.

모리스의 가게에 복면강도 두 명이 들어오고 그중 한 사람이 프랭크 알파인입니다. 그는 모리스의 젊고 매력적인 딸 헬렌과 만나요. 우여곡절을 겪으며 유대인이라는 장벽에도 불구하고 두 사람은 서로를 알아가요. 그래서 이 소설은 사랑과 연애에 관한 이야기이기도 해요.

이 소설은 또한 자기 개조의 험난한 과정을 다룬 이야기입니다. 고아원에서 자란 프랭크의 기억을 통해 아시시의 성인 프란시스코San Francesco d'Assisi가 계속 언급돼요. 낡은 사제복을 입고 달과 해, 별들 그리고 새들과 이야기하는 성인. 프랭크에게 그는 어떤 의미가 있나요? 프랭크의 자기 개조를 향한 고행이 이 성인의 이야기와 계속 연결됩니다.

중요한 것은 프랭크의 이야기에서 유대인 모리스가 담당하는 역할이에요. 프랭크의 정체를 알고 나서 그를 대하는 모리스의 태도를 통해 유대인적인 신념과 가치에 대해 깊이 생각하게 됩니다.

그래요. 이 소설의 중심에 점원 프랭크가 있어요. 그의 고행의 과정 한편에는 모리스가, 다른 한편에는 헬렌이 있어요. 어떠세요. 전체적인 느낌이 좀 오지요?

* * *

소설이 시작되면 우리는 모리스의 가난한 식료품점 안으로 들어가요. 11월의 어두운 첫새벽. 칼바람이 부는데 모리스는 가게 입구에 놓인 무거운 우유 상자와 빵 상자를 힘겹게 안으로 들여놓아요. 곧이어 가게에 들어오는 가난한 고객들을 만나요. 늙은 폴란드 여자가 웅크린 채 기다리고 있다가 빵을 3페니어치 사들고 나가요. 모리스는 난로에 불을 붙이고 물을 끓여 커피와 굳은 빵을 먹어요. 나무 식탁에 앉아 이미 다 읽은 어제 일자 유대인 신문을 들여다봐요. 또 고객이 들어와서 15센트어치를 사가요. 늘 아침빵을 사러 오는 2층에 세 든 젊은이가 오늘은 길모퉁이 새로 생긴 가게에서 봉지를 들고 나와 서둘러 사라지는 것이 보여요.

작은 소녀가 들어와서 울먹이며 말해요. "버터 1파운드, 빵, 식초 한 병 주세요. 돈은 엄마가 내일 줄 거예요." 소녀가 울음을 터뜨리자, 그는 버터 4분의 1파운드와 빵, 식초를 소녀에게

줘요. 외상값을 받을 수 있다고는 생각하지 않아요. 아내에게 잔소리 듣지 않기 위해 외상 장부에 값을 깎아서 적어요. 그에게는 평화가 중요해요.

모리스는 이 지역에서 유일하게 밤늦도록 가게를 열어놓지만 까물거리는 촛불처럼 모든 것이 암울하기만 합니다. 시간은 너무 더디게 흐르고 그는 멍하니 서서 문득 밖으로 나가고 싶다고 느끼지만 찬바람에 나서지 못해요. 이어지는 그의 생각을 통해 우리는 알게 됩니다. 어린 시절 그는 진흙길에서 뛰어놀았고, 또 러시아에서 꿈을 안고 이곳에 왔던 초기에는 말을 타고 마차를 몰기도 했어요. 그러나 지금 그는 가게를 벗어나지 못하는 자신이 무덤 속에 갇힌 것 같다고 생각합니다.

이런 식으로 소설이 시작하자마자 우리는 사양길로 접어든 그의 가게에 대해 알게 됩니다. 지난 20년 동안 그는 두 번 가게를 수리했어요. 경기가 좋았던 시절에 새 냉장고를 샀고 지금도 사용하고 있어요.

또 우리는 알게 됩니다. 역시 유대인인 그의 이웃 카프는 술을 팔기 시작하면서 돈을 벌어요. 그러나 모리스의 태도는 단호합니다. 술을 사들일 자본도 없지만 그는 술주정뱅이들의 돈을 벌고 싶지도 않습니다. 그는 가게를 팔고 싶지만, 누가 사겠어요? 그는 겁이 나기도 합니다. 평생을 이곳에서 지냈는데, 가게가 팔리면 어디로 간단 말인가.

좀 더 보지요. 정오에 그의 아내 아이다가 2층에서 내려와 가게로 들어옵니다. 아침나절 매상이 얼마나 되는지 보고 한숨을 쉽니다. 담배를 피워 무는 모리스에게 잔소리를 하자 그는 기침을 견디지 못하고 담배를 꺼요. 쉰한 살의 아내는 여전히 머리는 검지만 얼굴은 주름지고 다리도 아파요. 그날 아침에도 그녀는 유대인 거주지에서 이곳 비유대인 구역으로 그녀를 끌고 온 남편을 원망합니다.

또한 그녀는 모리스에 대한 죄책감을 가지고 있어요. 그녀는 약국을 열기 위해 야간고등학교에 다니는 모리스를 설득해서 식료품점을 열게 했어요. 그렇군요. 그에게는 한때 약국을 열겠다는 꿈이 있었군요.

이웃에 사는 성공한 주류 상점 주인 유대인 줄리어스 카프가 등장합니다. 작가가 여기서 모리스의 가난과 카프의 성공을 대비시키는 방식을 보세요. 카프도 원래는 이 동네의 가난한 구둣방 주인이었어요. 금주법이 폐지되고 주류 판매 허가증이 일반인에게도 주어지자 그는 돈 많은 아저씨에게 현금을 빌려 주류 상점을 열었어요. 어떻게 면허증을 얻었는지 그는 말하지 않아요.

하여간에 그의 가게의 싼 구두들은 고가의 술병으로 대체되었고 가난한 동네임에도 불구하고, 아니 가난한 동네이기 때문인지도 모르지요, 그의 가게는 놀랄 만큼 성업 중입니다. 그는 공원 옆 저택으로 이사를 갔고 그의 차고에는 머큐리가 서 있어요. 주변의 건물도 소유한 그는 건물 안 가게들을 세놓았어요.

모리스와 카프의 차이를 보세요. 한 사람은 정직하고 성실하고, 무엇보다 딱한 술주정뱅이들에게 술을 팔아 돈을 벌고 싶지 않아요. 또 한 사람은 변화 속에서 편법을 쓰고 승승장구해요. 앞으로 카프의 이야기는 모리스의 이야기와 짝을 이루면서 가난한 이들에게 성공과 실패가 어떤 것인지 보여줄 것입니다.

카프에 대한 모리스의 감정이 최근 악화되었어요. 모리스의 부탁에도 불구하고 카프는 자기 건물에 새 식료품점을 세놓았어요. 환하게 칠해진 실내, 번쩍거리는 선반에 가득 찬 갖가지 물품들, 쾌활한 독일인 주인은 흰 제복을 입고 기분 좋게 고객들에게 농담도 하면서 장사를 해요. 모리스는 오랜 단골들이, 자기 가게 위층에 사는 젊은이조차 그곳으로 가는 이유를 이해할 수 있어요.

이제 모리스의 딸 헬렌을 만나지요. 이 소설은 모리스의 이야기이면서 동시에 그의 딸 헬렌과 앞으로 등장할 프랭크의 이야기이기도 합니다. 헬렌이 누구인지 보세요. 그녀는 집안 형편 때문에 고등학교 졸업 후 판매원으로 일하고 있군요. 우리가 처음 그녀를 만나는 곳은 퇴근길 전철 안. 그녀는 자리에 앉아 소설 『돈 키호테Don Quixote』를 읽고 있어요.

어떠세요? 『돈 키호테』를 붐비는 전철 안에서? 헬렌이 누구인지 호기심이 생기지요? 앞으로 우리는 그녀를 통해 대문호들의 작품들을 소개받을 거예요. 그것은 좁은 식료품점이라는 갇힌 공간을 뛰어넘고자 하는 그녀의 간절한 염원과 연결되어 있어요.

하여간에 지금 퇴근길 전철 안, 그녀 앞에 서 있는 이웃 청년 네트 펄이 말을 걸어요. 잘 보세요. 로스쿨 재학생인 네트는 떠돌이 프랭크와 대척점에 있군요. 헬렌이 어떤 삶을 원하는지를 작가는 그녀와 두 젊은이의 관계를 통해 보여줄 거예요.

네트는 옆집에 사는 컬럼비아 로스쿨 재학생입니다. 그의 아버지는 같은 동네의 작은 과자가게 주인이에요. 그러나 그는 아들이 장학금을 받기 전까지 등록금을 경마에서 딴 돈으로 충당했어요. 네트는 두꺼운 책을 들고 있군요. 잘생기고 장래가 보장된 젊은이입니다. 두 사람은 그동안 데이트를 해오다가 최근에 헬렌이 그를 피하고 있군요. 그 이유를 통해 우리는 헬렌에 대해서 알게 될 거예요.

자, 말을 거는 네트 앞에서 헬렌은 읽고 있는 책 『돈 키호테』가 자기를 보호해주는 것처럼 느끼지만 곧 자신의 낡은 코트를 의식해요. 두 사람이 주고받는 말을 보세요. 한때 친밀했던 헬렌이 그를 피하는 이유를 지금 네트가 묻고 있어요. 두 사람 사이에 무슨 일이 있었는지 헬렌의 마음속을 따라가보지요.

지난여름 두 사람 사이에 무슨 일이 있었군요. 그녀는 그 일을 지워버리고 싶지만 그럴 수 없다는 걸 알아요. 왜냐하면 같은 일이 지난가을 다시 일어났으니까요.

순결성. 그녀는 그것과 슬픔 없이 헤어졌다고 생각했지만 자신의 행동에 가책을 느낀 것에 스스로 놀라고 있어요. 그 일은 기대에 못 미쳤고, 무엇보다 자신이 존중받지 못했다는 실망감이 컸어요. 그녀는 남자와의 근본적인 친밀감이 주는 자유가 좋았지만 동시에 자기에 대한 남자의 존중을 원했어요. 그러나 그가 단지 그것만을 원했다는 것을 나중에 알고는 그녀는 후회했어요. 그럼에도 불구하고 어느 가을날 그의 여동생이자 자기 친구인 베티를 만나러 갔다가 혼자 있던 네트와 다시 같은 일을 했어요. 헬렌은 이후 자기혐오에서 벗어나기 어려웠어요.

헬렌은 이런 생각을 네트에게 설명하지 않았고, 단지 그를 피해왔어요. 성과 사랑, 존중에 대한 헬렌의 태도, 어떻게 생각하세요? 그녀는 자신이 네트에게 어떤 권리를 주장할 수 없다고 분명하게 생각해요. 그러면서 그녀와의 행위에 큰 의미를 두지 않는 네트를 세상적인 눈으로 봐요. 그는 잘생긴 법대생이고 앞날이 창창한 반면, 자신은 2년제 야간대학에서 문학 과목만 들었고, 미래도 없어 보여요. 그는 자기의 부자 친구들에게 그녀를 소개하지도 않았어요.

계속합시다. 네트를 피해 먼저 전철에서 내린 헬렌은 찬바람 부는 11월의 어두운 공원을 지나며 생각에 잠깁니다. 고등학교

동창들은 결혼을 했고 대학에 간 친구들과는 만나지 않고….
그녀의 겨울은 더욱 춥게 느껴집니다. 그녀는 한 푼이라도 아껴서 내년 가을에는 뉴욕의 야간대학에 정규 학생으로 등록하겠다고 자신에게 약속합니다.

가게로 들어온 헬렌은 가방에서 월급을 꺼내 아버지에게 줍니다. 아버지는 다시 헬렌에게 정해진 그달치의 용돈에 5달러를 더 얹어줍니다. 아버지는 어머니와 마찬가지로 헬렌이 왜 네트와 더 이상 만나지 않는지 걱정이군요. 무엇보다 헬렌의 월급을 받으면서 그는 아내와 헬렌에게 자신의 의무를 다하지 못한다는 자괴감을 느낍니다. 그러나 헬렌은 말해요. "아버지가 제 월급을 가져가는 게 아니에요. 제가 드리는 거예요." 헬렌의 이 말, "제가 드리는 거예요."라는 말이 오래 남는군요.

자, 우리는 헬렌 부버를 만났어요. 착한 딸이군요. 미래를 꿈꾸며 야간대학에 등록할 계획을 세우는군요. 무엇보다 네트와의 관계에서 나타나듯 그녀에게는 자신에게 합당한 존중을 받는 일, 자존감이 중요합니다.

썰렁한 저녁식사를 끝낸 헬렌의 눈에 비친 가게와 그들이 사는 2층 방에 대한 음울하고 초라한 묘사를 통해 다시 한번 모리스의 가난이 확인됩니다. 헬렌과 어머니는 누가 이런 망해가는 가게를 살 것인지, 가게를 팔 수만 있다면 이들의 삶에 어떤 돌파구가 열리게 될지 생각합니다.

The Assistant

제2강

자, 우리는 모리스와 아이다, 그들의 딸 헬렌을 만났어요. 그들의 식료품 가게가 현재 처해 있는 상황도 알게 되었어요. 독자들은 이제 알아요. 스토리가 전개되기 위해서는 어떤 변화가 일어나야 한다는 것을. 그래요. 사건이 일어나요. 그날 밤 가게에 2인조 복면강도가 들어와서 얼마 되지 않는 그날 수입과 헬렌이 아버지에게 건네준 월급을 빼앗아요. 그중 한 남자가 총으로 모리스의 머리를 내리칩니다. 모리스는 쓰러지고 그들은 달아나요.

그래서요? 말하지 않아도 알 수 있어요. 구멍가게에 식구들의 생존이 달려 있는 상황. 그런데 모리스는 강도에게 상해를 당해 누워 있게 됩니다. 아이다가 무거운 몸을 이끌고 2층과 아래층 가게를 오르내리고 헬렌은 휴가를 내고 어머니와 번갈아 가게를 지킵니다. 그러고도 하루는 가게 문을 닫아야 합니다.

이런 상황에서 프랭크 알파인이 등장합니다. 보세요. 모리스는 회복되지 않은 상태에서 첫새벽에 일어나 가게 앞에 있는 무거운 우유 상자를 들여놓다가 현기증을 일으키며 쓰러져요. 어떤 청년이 그를 붙잡아주고, 무거운 우유 상자를 안으로 들여놔요. 모리스는 그 낯선 청년에게 커피와 빵을 대접해요. 청년은 설탕을 듬뿍 넣은 커피를 마시고 허겁지겁 빵을 먹고, 손수건으로 입을 닦고, 식탁 위를 치우고, 모리스가 말렸지만 컵과 컵받침을 깨끗이 싱크대에서 헹구고 닦는군요.

예의 바르다고요? 동시에 평생 혼자 살아와서 다른 사람에게 신세지지 말아야 한다는 생각이 몸에 밴 사람의 모습이지요. 그는 모리스에게 말해요. 샌프란시스코에서 식료품 가게에서 일한 적이 있으니 일할 수 있게 해달라고.

모리스가 말해요. 가게는 감옥과도 같으니 더 좋은 곳을 찾아보라고. 청년은 가게를 나가면서 무심한 듯 붕대를 감은 모리스의 머리를 보며 물어요. "사고를 당했나 봐요?" 그래요. 이렇게 낯선 청년, 프랭크 알파인이 줄거리 속으로 들어옵니다.

그는 누구인가요? 그가 이 동네에 나타난 것은 강도 사건이 일어난 이후군요. 처음 한동안은 네트의 아버지 샘의 과자가게 근처를 얼씬거렸어요. 어디에서 왔는지 누구인지 모르지만 그가 더 좋은 기회를 찾아 서부에서 온 것은 분명해요. 이 가난한 동네에는 온갖 뜨내기들이 어슬렁거리다가 사라지니까요.

그의 생김새를 보세요. 이탈리아계 스물다섯 살의 청년. 검은 수염을 길렀고 키도 크고 생긴 것도 괜찮은데 단지 한 번 부러졌다가 엉성하게 회복된 코 때문에 얼굴 균형이 맞지 않아요. 낡은 갈색 모자를 쓰고 갈라진 구두를 신고 생전 벗지도 않는 것 같은 길고 검은 코트를 입고 있어요. 그는 반쯤은 무덤 속에 들어간 듯 멍하고 불행해 보여요. 뜨내기들의 공통점이 느껴지나요? 삶에 구심점이 없어 초조한 듯 두리번거리는 모습.

그런데 특이한 점이 있어요. 그가 어느 날 과자가게에서 커피를 마시면서 탁자에 놓인 낡은 잡지를 뒤적이다가 그림을 하나 발견해요. 마시려던 커피 잔을 내려놓고 한참 동안 들여다봐요. 야윈 얼굴을 하고 검은 구레나룻에 거친 갈색 옷을 입은 수도승의 그림이었어요. 그는 맨발로 햇빛 비치는 길에 서 있어요. 앙상한 두 팔은 그의 머리 위에서 노는 새들을 향해 뻗어 있어요. 저 멀리 울창한 나무숲이 있어요. 더 멀리에는 햇빛 속에 교회가 서 있어요.

"사제 같은데…" 과자가게 주인 샘이 조심스럽게 말하자 청년은 대답해요. 처음으로 그가 하는 말이에요. 그는 잡지에 나온 성 프란시스코에 관해 설명합니다. 불안한 떠돌이와는 왠지 어울리지 않는 듯해요. 외모와 그가 하는 말의 이상한 불일치 또는 불균형이 느껴져요. 그래요. 프랭크가 복잡한 인물이라는 것이 이런 식으로 독자에게 전달됩니다.

■ ■ ■ "그는 아시시의 성 프란시스코예요. 입고 있는 갈색 옷과 공중에 있는 저 새들을 보면 알 수 있어요. 그가 새들에게 설교하고 있는 거예요. 어렸을 때 늙은 신부가 내가 사는 고아원을 방문하곤 했는데, 그는 올 때마다 성 프란시스코에 대한 이야기를 우리에게 읽어줬어요. 그 이야기가 지금까지 내 마음에 생생하게 있어요." (…)

샘은 눈을 가늘게 뜨고 사진을 들여다보았다. "새들에게 말을 한다고? 뭐야, 미친 사람인가?"

청년은 그 유대인에게 미소를 지었다. "그는 위대한 사람이었어요. 새들에게 설교하는 것은 분명 용기가 필요하다고 생각해요."

"새들에게 말을 해서 위대하다고?"

"다른 이유들도 있어요. 그는 자기가 가진 모든 것을 나누어주었어요. 입고 있던 옷까지도요. 그는 가난을 즐겼고 가난을 여왕이라고 했고 가난을 아름다운 여인인 듯 사랑했어요."

샘은 고개를 흔들었다. "보쇼. 가난한 것은 고약한 거요."

(…)

"난 이런 사람들에 관한 이야기를 읽을 때마다 속에서 울음이 터지려는 걸 참아요. 그는 착하게 태어났어요. 그건 재능이에요." 그는 당황한 듯 말했고 샘도 당황했다. (30-31)*

자, 프랭크에 대해서 중요한 것을 알게 되었어요. 그는 고아원에서 자란 이후 정처 없이 살았군요. 그런데 의외군요. 그는 마음속에 뜻밖의 인물을 품고 있어요. 성 프란시스코. 그에 관한 이야기를 읽으면 눈물이 날 만큼 깊은 감동을 받아요.

우리도 잘 아는 성 프란시스코는 누구인가요? 그는 가난과 겸손과 소박한 삶으로 부와 권력과 사치를 일삼던 중세 가톨릭에 일대 변혁을 가져왔어요. 그는 작은 수도회를 만들었어요. 교황에 의해 생태계의 성인으로 인정받은 그는 꽃과 새와 들짐승들과 대화를 하고 해와 달을 형제자매로 불렀어요.

자, 우리는 기억할 거예요. 독자 앞에 나타난 떠돌이 청년 프랭크는 가슴속에 누더기를 걸치고 새들과 이야기를 나누는 성인의 모습을 간직하고 있어요. 그러니까 성 프란시스코는 그의 영혼의 멘토라고 할 수 있어요.

그래요. 중요한 장면마다 프랭크는 이 아시시의 성자에 대해 언급해요. 프랭크의 어떤 요소를 강조하기 위해 작가는 이렇게 그를 성자와 연결시키는 것일까요? 앞으로 프랭크의 고통스러운 자기 변화 과정에서 이 성인이 어떤 식으로 작용하게 될까요?

계속하지요. 프랭크는 다시 모리스를 도와줍니다. 그날도 추

* 이 책의 인용문은 저자가 번역한 것이다. 사용한 텍스트는 *The Assistant*(Farrar, Straus and Girons, 2003)이다.

운 첫새벽 우유 상자를 가게 안으로 들여놓은 뒤 두 사람은 함께 커피를 마십니다. 그리고 서로 속에 있던 이야기들을 하는군요. 프랭크는 자기가 누구인지, 지금까지 어떻게 살아왔는지를 말하고 모리스는 어렸을 때 죽은 아들에 대해서 말합니다.

평생을 가게에 갇혀 살아온 모리스에게는 속마음을 터놓고 이야기할 사람이 없었고 모리스에게 자기 마음을 말하는 사람도 없었어요. 이제 두 사람은 서로 말을 하고 들어주며, 말문을 텄어요. 앞으로 두 사람의 관계가 어떻게 변해가는지 따라가볼 것입니다.

프랭크는 자신에 대해 많은 것을 말하는데 요약하면 이래요. 그는 태어난 지 일주일 만에 어머니가 죽었고, 다섯 살 때 그를 떠난 아버지가 죽은 것을 나중에 알았군요. 그의 말을 들어보세요. "살아오면서 나는 가치 있는 일을 이루기를 원했지만 나는 너무 불안정했어요. 한곳에서 여섯 달 머무는 것이 힘들었어요. 나는 모든 것을 너무 빨리, 성급하게 움켜잡았고, 그래서 빈손으로 다른 곳으로 갔어요. 나 자신을 이해할 수 없어요. 당신에게 지금 무슨 말을 하는지, 왜 하는지 정말 모르겠어요."

프랭크의 이야기를 들으며 감이 잡히지요? '호보'라는 단어, 미국의 뜨내기 부랑자를 뜻하는 말인데요, 그러나 프랭크는 호보는 아닌 것 같아요. 그는 목표도 있고 이를 위해 노력합니다. 문제는 그는 너무 불안하고, 성급하고, 노력의 결실이 맺히려는 순간에 그의 내부의 어떤 요소가 그것을 무너뜨려요. 마치 그 성취를 원하지 않는 것처럼 말이지요. 그런데 그가 이 모든 것을 두어 번밖에 안 만난 늙고 가난한 구멍가게 주인 모리스에게 털어놓는 이유가 무엇일까요?

프랭크의 이야기를 듣는 모리스는 호기심을 나타내지도 않고 부담이 되는 기색도 없이 그냥 들으면서 커피를 더 권해요. 그러면서 당신은 젊으니 교육받을 기회를 놓치지 말라고 해요. 이날 프랭크는 모리스에 대해서도 알게 됩니다. 그가 유대인이라는 것을 확인했고, 가게에 일주일 전에 강도가 들었었고, 그의 아들이 어렸을 때 죽었고, 지금은 딸이 하나 있다는 것을 알게 되었어요.

그런데 보세요. 그는 모리스에게 꼭 할 말이 있는 사람처럼 입술을 떼었지만 차마 말하지는 못한 채 커피만 삼켰어요. 그의 이 모습을 기억해두기로 합니다. 그래요. 지금 우리는 앞으로 프랭크가 모리스의 가게에서 어떻게 일하게 되는지, 그 시작을 보고 있는 거예요. 젊은이는 의도적인 접근을 하고 있어요. 그 이유는 차츰 밝혀집니다.

어때요? 젊은 청년이 등장하니까 활기가 돌기 시작하지요? 두 사람이 서로에 대해 알아갈 때 프랭크는 모리스의 가게에서 일하고 싶다고 해요. 자기가 식료품점을 낼 예정이고, 무엇보다 자기는 정직한 사람이라고 강조해요.

모리스는 가게가 너무 좁다면서 한마디로 거절해요. 아이다 역시 반대합니다. 헬렌을 생각해서라도 이런 떠돌이를 가게에 둘 수가 없어요. 프랭크는 포기하지 않고 먼지 낀 가게 유리창을 자발적으로 깨끗이 청소해요. 그래요. 그는 작정하고 나선 사람의 집요함을 보여주는군요. 그러다가 돌발 상황이 생기면서 프랭크는 가게의 임시직 점원이 됩니다. 보세요.

어느 날인가부터 모리스는 매일 새벽 우유 한 병과 빵 두어 개가 없어지는 것을 발견해요. 그는 고민 끝에 경찰에 신고하고, 그래서 사설탐정까지 와서 조사를 하게 돼요. 자, 동네 사설탐정이 등장하는군요. 앞으로 그도 중요한 역할을 할 것입니다.

작은 몸집에 웃음기도 없고 대머리인 사설탐정은 혼자 살고 있어요. 그의 외아들은 어머니가 죽은 뒤 문제아가 되어 소년원에 드나들다가 8년 전인가 회사에서 절도한 것이 드러나 죽도록 얻어맞은 뒤 동네에서 사라졌어요. 사람들은 그처럼 엄격한 탐정에게 그런 아들이 있는 것을 안타까워하며 그를 동정합니다. 그렇군요. 그에게 행방불명이 된 문제아 아들이 있군요.

매일 아침 우유와 빵이 없어진다는 모리스의 말에 탐정은 말해요. 자기 아들이 동네에 나타났다는 소문이 있는데 모리스가 그를 보면 알아볼 수 있을지 물어요. 그렇군요. 사설탐정의 등장과 그의 문제아 아들 워드에 대한 언급이 강도 사건과 연결되어 있음을 짐작하게 돼요. 그리고 프랭크와의 연결도 의심하게 돼요. 프랭크가 모리스에게 무슨 말을 하려고 애쓰다가도 입을 다물고 말던 것을 우리는 알아요.

계속하지요. 사설탐정이 다녀간 날 밤, 모리스는 가게를 보통 때보다 한 시간 늦게 닫아요. 지하실 불을 켜고 낫을 움켜쥐고 층계를 내려가다가 비명을 질러요. 프랭크가 그동안 지하실에서 몰래 자고 새벽마다 우유와 빵으로 끼니를 때웠던 것이지요. 자, 이때 모리스가 프랭크를 대하는 태도를 보세요.

■ ■ ■ "여기서 뭘 하는 거요?" 모리스가 외쳤다.

"그냥 지하실에서 자고 있었어요. 아무 짓도 하지 않았어요." 프랭크가 심드렁하게 말했다.

"당신이 내 우유와 빵을 훔쳤소?"

"네. 배가 고파서요." 그가 실토했다.

"왜 나한테 달라고 하지 않았소?"

프랭크는 일어났다. "나밖에 날 책임질 사람이 없어요. 난 일을 구할 수가 없었고 가진 돈을 다 써버렸어요. 내가 입은 코트는 이 추위와 험한 날씨를 견디기에는 너무 얇아요. (…) 나에게는 잠잘 곳도 없어요. 그래서 이리 들어온 거예요."

"누이와는 더이상 같이 살지 않소?"

"누이는 없어요. 당신에게 거짓말한 거예요. 난 혼자예요. (…) 당신이 날 뜨내기로 아는 걸 원하지 않았어요."

모리스가 그를 말없이 바라보았다.

"당신 감옥에 간 적도 있소?"

"전혀요. 하나님께 맹세해요." (51)

모리스는 그를 가게로 데리고 올라와요. 난로 불을 켠 뒤 두툼하게 샌드위치를 만들고 수프를 데워요. 프랭크는 허겁지겁 먹어요. 잠이 깨 내려온 아이다가 프랭크에게 당장 떠나라고 하자 모리스는 말해요. "오늘 밤은 여기 소파에서 자게 합시다." 너무 놀란 아이다는 돈을 주어서라도 내보내야 한다고 우기지만 모리스는 말해요. "가난한 청년이오. 난 그가 불쌍해요."

그날 밤 아이다는 불안해서 잠을 잘 수 없어요. 가게 선반이 몽땅 털리고 그자가 집 안으로 몰래 들어와 헬렌의 방문 열쇠구멍으로 들여다보는 꿈을 꿔요. 그 불안은 당연한 것이지요. 며칠 동안 빵과 우유를 훔쳐 먹은 떠돌이를 허약한 두 노인과 젊은 딸만 있는 가게 안에서 재우는 것은 위험한 일이지요. 모리스 역시 걱정을 하면서도 프랭크를 받아들인 것이지요.

다음날 이른 새벽 모리스가 무거운 몸을 끌고 층계를 내려와요. 프랭크는 소파에서 자고 있어요. 모리스가 우유 상자들을 힘들게 안으로 들여놓다가 쓰러집니다. 프랭크가 그를 소파에 눕히고 식구들은 구급차를 부르고…. 이렇게 해서 프랭크는 모리스가 누워 있는 2주일간 가게에서 일을 하게 됩니다.

The Assistant

제3강

이제 프랭크가 가게에서 일하는 모습이 자세하게 묘사됩니다. 그는 앞치마를 두르고 하루의 매상 품목을 일일이 적어 그날 수입과 함께 아이다에게 줍니다. 예상 외로 첫날 매상이 높아서 아이다는 놀라요. 고객들이 많이 왔다고 프랭크는 말하지만 우리는 나중에 알게 됩니다. 그는 이 가게에 들어왔던 강도 중 한 사람이고 그때 훔친 돈 중 자기 몫으로 받은 7달러를 몰래 금전출납기에 넣은 것이지요.

프랭크는 가게 일을 빠르게 익혀나가요. 포장지를 낭비하지 않고 햄을 적절하게 자르고 저울질도 정확해요. 선반의 캔을 정리하고 깨끗하게 유리창 안팎을 닦아요. 고객들에게 상냥하고 장삿술도 뛰어나요. 햄 4분의 1파운드를 달라고 하면, "아이고, 그걸 누구 코에 붙이려고요. 반 근 사세요." 하면 고객들은 웃으며 그의 말대로 해요. 여자들은 그를 슈퍼 세일즈맨이라고 불러요. 운전기사들은 그의 유쾌한 서비스를 즐기면서 오래 머물러요. 어떤 이들은 그에게 충고도 해줘요. 유대인을 위해서 일하지 마라, 시기를 놓치면 붙잡히니까 적당한 때 떠나라.

여러분, 짐작이 되지요? 프랭크는 이렇게 새벽부터 저녁 6시까지 이 가게 안에서 머물러요. 평생을 떠돌았던 그가 붙박이로 있어요. 그는 만족해요. 그의 이런 기분, 이해할 수 있나요? 이런 상황에서 그가 헬렌에게 관심을 갖게 되는 것은 당연합니다. 헬렌이 어떤 인물인지 앞에서 잠깐 만났었지요? 가난하고 외롭지만, 자존감이 있고 자기 삶에 대한 비전이 분명합니다. 법대생 네트가 추구하는 세속적인 성공과는 달라요.

프랭크가 가게에서 일하게 되자 아이다는 프랭크와 헬렌이 마주치는 일이 없도록 신경을 곤두세워요. 헬렌의 퇴근 시간에 프랭크가 가게 안에 없도록 조절해요. 그럴수록 프랭크의 조바심이 깊어져요. 헬렌의 어떤 요소가 프랭크의 호기심을 불러일으키는 것일까요? 보세요.

그는 언젠가 가게 밖에서 창문을 통해 카운터에 서 있는 헬렌을 처음 보았던 날을 기억해요. 그는 그녀 속의 허기증 또는 결핍을 금방 알아봐요. 자기 속에도 있는 요소니까요. 그녀는 이루어질 수 없는 어떤 것을 생각하는 것 같아요. "그녀는 삶에서 뭔가 큰 것을 원하는 것 같았고 그것이 그를 두렵게 했다." 그는 헬렌을 알고 싶어져요. 앞으로 두 사람 사이에 일어나는 일들을 지켜보면서 독자들은 이 부분을 기억할 것입니다.

여기서 또 한 사람의 젊은이가 등장합니다. 이번에는 주류 상점 주인의 아들, 루이스 카프예요. 앞에서 우리는 유대인 카프가 어떻게 성공했는지 보았지요? 하여간에 루이스를 통해 작가는 헬렌이 원하는 삶이 무엇인지를 다시 확인합니다.

헬렌의 퇴근길, 카프의 아들 루이스가 나타나요. 네트가 사회적 야심을 가진 인물이라면 루이스는 아버지가 이룬 부를 물려받아 편안하게 즐기는 유형이군요. 배우가 되고 싶은 그는 고등학교도 졸업하지 않았어요. 자, 그는 헬렌에게 드라이브를 제안하고 두 사람은 바람 부는 어두운 코니아일랜드 보도를 걷습니다. 코니아일랜드는 브루클린 남쪽에 위치한 이 지역의 대표적인 휴양지이지요.

여기서도 작가는 헬렌이 원하는 삶은 루이스가 약속하는 삶과는 다르다는 것을 보여줍니다. 루이스는 안락한 삶을 약속하지만 그녀는 거절해요. 그는 나중에 후회할 것이라며 비웃어요. 헬렌이 원하는 삶은 어떤 것인가요?

이렇게 헬렌은 네트와의 만남도, 루이스의 제안도 거절해요. 그녀는 퇴근 뒤 혼자 방에 앉아 긴긴 겨울 저녁, 달력의 날짜들을 하나씩 지우면서 보냅니다. 그리고 지역 도서관에서 책을 빌려서 읽어요. 네트에게 다시 전화가 오기를 기다리기도 해요. 이런 상태에서 작가는 프랭크가 가게에서 지내는 모습을 보여줍니다.

먼저 그는 유대인들과 이렇게 가까이 있어본 적이 없어요. 그것이 약간 불편하지만 잘 적응하는 듯해요. 그는 맛있는 고기를 넣어 샌드위치를 만들어 먹고 군것질도 해요. 담배도 피우고 가게 앞의 거리도 쓸어요. 2층에 세 든 젊은 부부와도 사귀어요. 손님이 뜸할 때는 신문을 읽기도 하고 근처 도서관에서 빌려온 잡지를 뒤적이기도 해요. 나쁘지 않은 삶이라고 그는 받아들여요. 가게 수입이 오르자 아이다와 모리스는 그에게 주급 5달러를 더 주기로 해요.

그런데 보세요. 프랭크의 또 다른 모습입니다. 그는 아무도 모르게 푼돈을 조금씩 주머니에 챙기고 있어요. 그 돈으로 작은 면도기도 사고 생필품을 마련해요. 그러면서 스스로 합리화해요. 자기 때문에 수입이 오르니, 그들은 모르는 돈이니 괜찮다고. 그러면서 모리스에게 자기는 정직한 사람이라고 계속 말해요.

동시에 그는 자신의 행동에 죄책감을 심하게 느껴요. 숨이 차오르기도 하고 진땀을 흘리기도 해요. 면도를 할 때나 화장실에 있을 때 정직하자고 자기에게 큰 소리로 말해요. 그러면서 그는 자신이 그런 비참함을 즐기는 것도 알게 돼요.

작가는 프랭크의 이런 복잡한 요소가 그를 뜨내기 좀도둑과 구별해준다고 말해요. 모리스도 프랭크는 어려운 삶을 살았을 뿐 뜨내기는 아니라고 해요. 아이다조차도 배고파서 우유와 빵을 훔친 것은 도둑이 아니라고 생각하려고 해요. 자, 이들 부부의 변화를 어떻게 봐야 할까요?

프랭크는 창가에 서서 과거를 생각하기도 하고 자기가 원하는 것을 과연 갖게 될 것인지 궁금해해요. 그는 안정기에 들어선 것 같네요. 그러나 이런 상태가 오래 지속될 수 없어요. 외부에서 오지 않으면 내부에서 변화를 찾는 마음이 꿈틀거리지요.

그는 견딜 수 없어 거짓말을 해요. 헬렌에게 누가 가게로 전화를 했다고 해요. 헬렌은 네트일지도 모른다는 기대감에 층계를 내려오지만, 전선 저쪽에서는 아무 소리도 들리지 않아요. 이제부터 어떤 일이 전개될 것 같지요? 여러분이 스토리를 이어보세요.

그의 일상은 계속돼요. 그는 가게에서 푼돈을 훔치는 자신에게 모멸감을 느끼면서 지난 11월 강도짓을 했던 기억을 떨쳐버릴 수가 없어요. 늘 모리스에게 무슨 말을 할 듯하다가 입을 다물어버리고 진땀을 흘려요. 그리고 우리는 그가 어떻게 강도짓을 하게 되었는지 알게 돼요.

어느 날 그는 워드를 찾아가요. 워드가 가지고 있는 자기 총을 되찾기 위해서입니다. 그가 총을 갖게 된 이유도 황당합니다. 그는 언젠가 자기가 큰일을 저지를 인물이라고 생각했고 일을 해서 돈을 모아 총을 샀고 동부로 왔어요. 보스턴을 들러 이곳에 와서 어슬렁거리다가 우연히 워드와 만나고 그가 제안한 강도짓을 하게 되었어요. 처음에는 망설였지만 보조 역할을 한다는 약속을 받아요. 복면을 하고 모리스의 가게에 들어와 돈을 뺏은 뒤 워드가 모리스를 때리는 것을 말린 것도 프랭크였어요.

총을 찾으러 온 프랭크에게 워드는 다시 강도짓을 제안하고 거절하는 프랭크에게 네가 그 유대인 딸을 노리고 있는 거 안다고 히죽거려요. 총을 찾지 못한 채 프랭크는 가게로 돌아와요. 이렇게 다시 일이 꼬이는군요. 평정을 잃은 프랭크에게 무슨 일이 일어나는지 보세요.

그날 밤 그는 욕실에서 샤워 가운을 벗는 헬렌을 몰래 엿봐요. 푼돈을 훔치는 것에 더해서 또 하나의 나쁜 짓을 저질러요. 그는 이로 인해 자신이 고통을 겪을 것임을 알아요. 좋은 사람이 되겠다는 결심에도 불구하고, 자기 개조란 이렇게 어려운 것임을 작가는 거듭 강조하고 있어요.

2주가 지나고 프랭크가 예정대로 떠났다면…. 그러나 프랭크는 계속 머물게 돼요. 조건도 더 좋아져요. 어찌 된 일인가요? 모리스가 다시 구멍가게 안에 혼자 갇힐 생각에 질식할 것 같아졌기 때문이에요. 더 중요한 이유는 프랭크가 유대인이 아니므로 가게 수입이 늘어났기 때문입니다. 모리스는 매상이 오르는 것을 보면서 오랜만에 희망을 느껴요. 빚도 좀 갚고 헬렌의 돈도 더 이상 받지 않아도 될 거라는 기대를 하게 돼요.

유대인 지역이 아닌 이곳 주민들은 유대인 모리스의 가게를 다니고 외상을 트면서 잘 지냈지만, 속으로는 그를 싫어해요. 유대인이기 때문이지요. 이를 아는 모리스는 프랭크가 떠나면 수입이 전처럼 떨어질 것을 알아요. 그래서 아이다의 반대에도 불구하고 프랭크를 여름까지 더 좋은 조건으로 머물게 해요. 2층에 창고처럼 방치해둔 방을 치우고 그 안에 침대와 전기난로도 넣어줍니다. 이렇게 프랭크의 위치는 확실해집니다. 내년 여름이면 긴 겨울이 지나고 봄도 지나야 하는, 아직 먼 이야기이지요. 그동안에 많은 일이 일어날 수 있어요.

이후에 전개되는 모리스와 프랭크의 관계에 대한 묘사는 잔잔하고 감동적이기도 해요. 처음으로 두 사람은 자신들의 삶을 되돌아봐요. 보세요.

모리스는 프랭크와 함께 있는 것이 좋아요. 손님 없는 막막한 겨울 오후, 시계 소리만 무겁게 들리는 가게 안에서 두 사람이 서로 이야기하는 모습을 그려보세요. 프랭크는 입양 가정에서 힘든 시간을 보내다가 도망쳤어요. 고학을 했어요. 그는 자기가 머물렀던 오클랜드, 샌프란시스코 등에 대해 말해요. 모리스는 그가 거쳐 온 도시들에 대해 흥미롭게 귀를 기울여요.

모리스의 이야기도 들어보세요. 러시아에서 그들은 가난했고 유대인 박해가 심했어요. 버터와 달걀 행상인이었던 모리스의 아버지는 황제의 군대에 모리스가 징집되자 미국으로 도망가라고 외쳤어요. 모리스는 구사일생으로 미국으로 옵니다. 프랭크는 속으로 생각해요. "일생일대의 모험을 했지만, 지금은 이 가게에 갇혀 비계기름에 튀겨진 마른 생선 같구나…."

모리스는 이야기에 취한 듯 계속해요. 약사가 되기 위해 야간학교를 다니며 대수와 독일어와 영어를 공부하고 이런 시도 배웠어요. "오너라. 바람이 잎들에게 말했다. 초원으로 와서 나랑 놀자." 그러나 아내를 만나자 야간학교를 포기했어요. 그는 깊은 한숨을 쉬며 말해요. "교육을 받지 않으면 아무것도 안 돼. 당신은 가족도 없고 젊으니 자유로워. 나처럼 되지 마." 모리스의 후회와 자기연민을 보며 프랭크는 영 심사가 불편합니다.

그의 눈에는 모리스의 삶과 가게에 드나드는 인생들이 참으로 한심하게 보여요. "그들은 죽을 때까지 견뎌내는 수인들이다. 제일 오랫동안 힘든 고통을 견뎌내는 것이 가장 훌륭한 유대인이라는 거지."

유대인들에 대한, 그들의 가난과 고통에 대한 프랭크의 혐오는 모리스의 가게에 스스로를 가두고 있는 자신에 대한 경멸이기도 할 것입니다. 우리는 묻게 돼요. 그럼 왜 그는 계속 남아 있는가? 물론 그것은 그의 자기 개조와 관련 있기 때문입니다.

자, 조금 지루해지려고 하지요? 헬렌과 프랭크의 관계로 들어갑시다. 우리는 앞에서 헬렌이 로스쿨 학생 네트도 주류 상점집 아들 루이스도 거절한 것을 보았어요. 그러나 겨울이 깊어지자 혼자 막막함을 견디며 그녀는 네트의 전화를 기다리기도 해요. 작가는 이렇게 결핍에 시달리는 헬렌과 그녀를 향한 프랭크의 관심을 대비시켜요.

프랭크의 심리 상태는 좀 더 복잡해요. 그는 헬렌에게 관심 있지만 그녀가 유대인이어서 망설여요. 그는 자기 인생에서 더 이상의 문제를 원치 않아요. 그래요. 그는 유대인으로 인한 고난을 분명하게 의식하고 있어요. 또 헬렌은 인생에서 큰 것을 원하는 것처럼 보이고 자기 같은 뜨내기는 근처에도 갈 수 없는 듯해요. 무엇보다 자기는 모리스의 가게에 들어왔던 강도 중 한 사람이지요.

여기서 고백의 문제가 등장합니다. 헬렌에게 접근하기 위해 그는 먼저 모리스에게 강도짓을 고백하기로 결정해요. "일단 고백을 하자." 그것이 자기를 진심으로 대하는 모리스에 대한 도리라고 생각해요. 특이한 것은 모리스에게 한 번의 고백을 함으로써 자신이 평생 저지른 잘못을 용서받을 거라고 믿는다는 점이에요. 그만큼 그 고백이 어렵다는 것이지요. 그래서 그것은 자기 변화를 향한 피할 수 없는 과정입니다.

그는 모리스 대신 헬렌에게 고백을 하면 어떨까 생각해요.

그녀에게 고백을 하는 것은 자신의 진정한 모습을 다 보여주는 것과 같다고 생각해요. 이 부분은 예외적으로 길게 자세하게 설명됩니다. 작가의 의도가 있다는 것을 확신하게 돼요.

프랭크는 작정을 하고 헬렌이 다니는 도서관으로 가요. 달이 환한 밤이군요. "달은 흰 하늘의 방랑자"라는 표현을 보세요. 헬렌은 퇴근길에 도서관에 갔다가 열람실에서 책을 읽고 있는 프랭크를 보는군요. 도서관과 책이 앞으로 두 사람의 연결고리가 될 것입니다. 뜨내기로 살아온 프랭크를 생각하면 이런 설정은 특이하지만 그의 복잡한 내면세계를 보여주는 장치이기도 합니다.

그녀가 밖으로 나오자 프랭크가 뒤따라 나와요. 그들은 함께 공원 쪽으로 걸어갑니다. 이렇게 두 사람의 만남이 시작되는데, 이때 작가는 두 가지를 강조합니다. 하나는 유대인에 대한 두 사람의 입장이고, 또 하나는 성 프란시스코 이야기입니다. 앞으로 이 요소들이 어떤 역할을 할런지 주목하지요.

헬렌은 프랭크가 유대인이 아니기 때문에 마음속이 복잡해져요. 어머니는 이방인을 위험 인물로 봐요. 그러므로 그녀가 프랭크와 함께 있다는 것은 잠재적인 악의 가능성과 같아요. 그러나 그녀는 외로웠고 프랭크의 관심이 고마워요. 그는 겉모습보다 더 나은, 더 많은 것을 가지고 있을지도 모른다는 생각까지 하면서 불안감을 가라앉히려고 애써요.

프랭크의 경우도 마찬가지예요. "그녀는 유대인 아닌가." 생각만 해도 골치 아프고 문제가 예사롭지 않을 것이에요. 그는 이 가난한 동네에서도 모리스의 가게에 대한 이웃들의 경멸과 배척의 눈초리를 알아요. 가게 매출이 늘어난 것이 자기가 유대인이 아니기 때문인 것도 알아요.

그래요. 나도 미국인들의 유대인에 대한 반감이 이 정도인 줄은 몰랐어요. 우리가 아는 유대인은 모든 분야에서 최고의 인물들이지요. 번스타인, 아인슈타인, 조지 소로스 등 셀 수 없지요. 이 소설은 그런 의미에서도 중요해요. 미국 사회에 깔려 있는 인종 차별의 현실을 소리 없이 보여주니까요.

하여간에 이렇게 두 사람은 유대인과 이방인이라는 심각한 장애물을 의식하고 있어요. 이 사실은 중요해요. 소설의 끝에 프랭크는 유대인이 되기 위해 할례를 받아요. 그를 평생 괴롭혀 온 결점을 극복하는 결단을 그런 방식으로 보여주는 것이지요.

계속하지요. 두 사람이 공원을 지나 집으로 가면서 프랭크가 보름달이라고 무심하게 말하자 헬렌은 눈이 올 것 같다고 답합니다. 그러자 프랭크는 성 프란시스코에 관해 말해요.

■ ■ ■ "눈 이야기를 하니까 내가 읽은 성 프란시스코에 대한 이야기가 생각나네요. 그는 어느 겨울밤 잠이 깨어 자기가 신부가 된 것이 잘한 일인지 자문해요. '내가 착한 젊은 처녀와 결혼을 했다면 지금쯤 나

> 는 아내와 가족이 있겠지?' 그 생각이 그를 비참하게 만들어 잠을 잘 수 없었어요. 그는 볏짚 침대에서 나와 밖으로 나갔어요. 온통 눈으로 덮여 있었어요. 그는 눈사람 여자를 만들고 말했어요. '이건 내 아내야.' 그리고는 아이 눈사람도 두세 명 만들고, 그들 모두에게 하나하나 입 맞추었어요. 그는 기분이 훨씬 좋아졌고, 잠이 들었어요." (95)

어떠세요? 나는 이 성자에 관한 이런 글을 읽은 적도 있어요. 수도사가 된 이후 그는 욕망을 억제하려고 장미 밭에 몸을 굴려 가시에 마구 찔려요. 그러던 어느 날 장미 가시가 없어졌어요. 자, 묻게 됩니다. 무엇이 우리를 변화시킬까요? 우리 자신을 승화시킬까요? 하여간에 프랭크에게 성 프란시스코의 이야기를 듣자 헬렌은 놀라고 감동해요. 그가 입은 옷도 취향이 있어 보여요. 헬렌은 아버지를 도와준 것에 감사하고 가게에 갇히지 말라고 해요. 그러면서 서로 읽은 책에 관해 이야기합니다.

그들의 이야기는 이날 상당한 진전을 보여요. 각자 소중하게 생각해온 것들을 말해요. 헬렌은 야간대학에서 문학 과목을 두어 개 듣는다는 것, 여전히 정규 대학에 가고 싶다는 것을 말해요. 지금은 비서 일을 하고 있는데 사회사업이나 교사와 같은 보람 있는 일을 하고 싶다고 해요. 프랭크는 담담하게 말해요.

"모두들 이곳에 갇히지 말라고 하는데, 난 잠시 숨을 고르는 중이에요. 새로운 시작을 할 건데 나이는 상관없어요. '한 가지 일에 얽매이지 마라, 넌 훨씬 더 좋은 일을 할 수 있을 거다.' 이 말이 언제나 내 마음에 박혀 있어요. 그래서 지금까지 한곳에 정착하지 않은 것 같아요. 나는 여전히 내가 원하는 것을 실현하고 싶어요. 첫걸음은 교육을 받는 거지요."

그래요. 두 사람은 모두 자신의 삶을 변화시킬 수 있다고 믿어요. 본인의 노력으로, 교육을 통해서 미래를 바꿀 수 있다고 믿어요. 이런 식으로 여전히 아메리칸 드림은 역할을 하고 있어요. 허구 또는 이데올로기라 할지라도 말이지요.

이날 헬렌과 프랭크는 자신들이 어떤 삶을 원하는지, 무엇을 하고 싶은지를 서로 말해요. 두 사람 모두 마음속에 고여 있던 생각들이 터져 나온 것 같기도 해요.

헬렌의 그에 대한 거부감은 그와 나눈 이야기들에 가려져요. 성 프란시스코와 눈사람. 헬렌은 프랭크가 자신의 삶에 개입하고 싶어하는 것을 느낍니다.

The Assistant

제4강

프랭크와 헬렌은 이따금 공원을 걸으며 서로 이야기를 나누게 돼요. 소설은 이제부터 두 사람의 관계에 집중합니다.

헬렌은 프랭크가 거쳐 온 장소들, 그가 만난 사람들과 세상들과 경험들을 부러워해요. 말로만 듣던 샌프란시스코, 뉴올리언스, 세인트루이스… 그러면서 자기의 삶이 얼마나 좁고 빈약한지를 의식하게 돼요.

헬렌의 가족은 아들이 죽기 전에는 코니아일랜드에 소풍도 가고 유대인 축제에도 갔었어요. 그러나 아들이 죽은 뒤 모리스는 좁고 누추한 가게 안에 갇혀 있었어요. 헬렌의 삶의 유일한 출구는 도서관에서 빌려오는 책이었어요.

보세요. 우여곡절을 겪으며 이 도시 저 도시로 떠돌았던 프랭크가 헬렌에게 먼 곳을 동경하고 꿈꾸게 합니다. 알 수 없군요. 한곳에 붙들린 사람들은 떠돌 수밖에 없는 이들의 불안을 이해할 수 없어요. 한곳에 뿌리내리는 것이 그들의 소망인 것도 알 리 없어요. 또 있어요. 프랭크가 가을에 대학 진학 계획을 말하자 헬렌의 상상력은 순식간에 비상해요. 유명한 교수, 멋진 강의와 흥미로운 학생들…. 이렇게 프랭크를 통해 헬렌의 정신적인 공간이, 상상의 지평이 확대됩니다.

헬렌의 역할은 무엇일까요? 헬렌은 프랭크에게 대학 가기 위한 준비로 자신이 감명 깊게 읽었던 소설들, 『마담 보바리』, 『안나 카레니나』, 『카라마조프 가의 형제들』을 추천해요. 아이고, 한숨이 나오는군요. 대단히 비현실적으로 들리지요? 너무도 두꺼운 이런 소설들을 프랭크가 과연 읽어낼까요? 하여간에 헬렌은 프랭크에게 일종의 멘토 역할을 하는 듯해요. 프랭크는 헬렌을 통해 책의 세계로의 입문식을 거치는 것 같아요.

프랭크는 『마담 보바리』, 『안나 카레니나』, 『카라마조프 가의 형제들』을 빌려오지만 주인공들의 그 이상하고 긴 이름들 때문에 짜증이 나고, 괴상하고 병든 인물들도 역겨워져서 책을 몇 번씩 집어던져요. 당연하지요. 동감입니다. 그러나 보세요. 프랭크는 그보다 더한 고난도 감내할 준비가 되어 있는 듯해요. 그가 진심으로 원하는 것은 자기를 변화시키는 것이니까요. 성 프란시스코를 가슴에 안고 있지 않습니까? 그러므로 헬렌은 그가 자기 변화를 이루기 위해 반드시 거쳐야 하는 인물이지요. 아니, 그에게 자기 개조와 헬렌과의 만남은 동일한 것이기도 합니다.

하여간에 프랭크는 이 길고 어려운 책들을 헬렌이 읽었으므로 끝까지 읽어내요. 이 점이 중요해요. 떠돌이 삶의 방식이 몸에 밴 그가 이렇게 괴상한 이름을 가진 인물들이 나오는 긴 책들을 끝까지 읽어냈다는 것이지요. 이런 독서가 그에게 어떤 영향을 주는지 보세요.

그는 이 책들을 읽으면서 인간이 거쳐 가는 '고통'에 대해 알게 돼요. 처음에 그는 고통을 겪는 인물들이 유대인이 아닌 것에 놀라면서 고통이란 인간의 기본 조건이라는 것을 무의식중에 알게 됩니다.

또한 그는 이 어려운 책 읽기를 통해 인간이 얼마나 취약한지, 어떻게 한순간의 실수로 망가지는지 알게 돼요. 그는 두려워져요. 인물들의 망가진 일생이 자기의 것인 듯한 착각에 빠지기도 해요. 그래요. 이렇게 프랭크와 헬렌은 서로에게서 자기의 결핍된 요소를 보충받는군요. 헬렌은 갇힌 삶의 한계를, 프랭크는 떠돌이 삶의 공허함을 보완하는 듯합니다.

두 사람의 관계에 전환점을 마련하는 것은 프랭크입니다. 그가 헬렌에게 선물을 해요. 이 일이 그들의 관계를 어떻게 변화시키는지 보세요. 어느 날 밤 두 사람이 도서관을 나와 집에 오는 도중 프랭크는 들고 있던 꾸러미를 헬렌에게 주며 말해요. "이거, 드리는 겁니다." 머뭇거리면서도 그녀는 받게 돼요. 너무 순식간의 일이었으니까요. 그런데 그 포장 꾸러미를 가슴에 안으며 헬렌은 프랭크에 대한 욕망을 느끼는데, 이것이 그녀를 불안하게 해요.

보세요. 그녀는 이미 프랭크에 대한 자연스러운 감정을 억압하고 있어요. 그가 여름이면 떠날, 정체 모를 이방인이라는 것 때문이지요. 그런데 그 선물, 망해가는 구멍가게에서 몇 푼씩을 훔치는 프랭크가 준 두 개의 선물은 그녀의 예측을 넘어서요.

헬렌은 첫 번째 포장을 푸는 순간 숨이 멎는 듯해요. 길고 검은 황금 실이 섞인 손으로 짠 풍성한 울목도리. 이 스산하고 외로운 헬렌의 일상 속에 들어온 화려하고 따뜻한 선물입니다. 얼어붙은 그녀의 겨울 속에 돌연 붉은 장미가 피어난 듯합니다. 자, 또 하나의 선물은 붉은 가죽 양장판 셰익스피어 희곡 전집이에요. 무슨 생각이 드세요? 그는 이 선물에 자신의 정성과 생각을 다 쏟았군요. 그 선물은 남루한 현실 속에서 프랭크가 키우고 있는 꿈의 크기를 보여주는 것 같습니다.

헬렌은 깊은 감동을 받아요. 그녀는 이렇게 아름다운 선물을 받은 적이 없어요. 네트조차도 그녀에게 작은 핑크색 장미 대여섯 송이를 주었을 뿐이니까요. 그러나 헬렌은 선물을 받을 수 없다고 결정해요. 먼저 프랭크의 처지를 생각해요. "대학 가려고 한 푼씩 모아둔 돈을 전부 썼을 것이다."

무엇보다 그녀는 선물이란 일종의 권리 주장과도 같다는 생각을 해요. 그와 얽히면 안 된다고 생각하면서도 외로움 때문에 그에게 용기를 준 거라고 인정해요. 그녀는 그에게 깊게 개입하고 싶지 않아요. 헬렌의 갈등과 불안을 이해할 수 있나요?

헬렌은 선물을 프랭크에게 돌려줍니다. 프랭크는 더 이상 희망이 없다는 생각에 깊은 우울에 빠져요. 선물을 쓰레기통에 던져버려요. 헬렌은 그 선물들이 쓰레기통에 버려진 걸 보고 다시 꺼내와요. 그런 낭비를 견딜 수 없어요. 이 에피소드의 파장은 두 사람의 관계에 미묘한 변화를 가져오게 됩니다. 보세요.

헬렌은 삭막한 겨울 저녁을 견디지 못하고 공원으로 산책을 나가요. 벤치에 혼자 앉아 비둘기들에게 모이를 주고 있는 프랭크를 발견해요. 새들에게 모이를 주는 성 프란시스코의 모습과 오버랩되지요?

헬렌은 그에게 선물 이야기를 꺼내요. 낭비를 견딜 수 없으니 환불받을 수 있도록 가게를 알려달라고 해요. 이때의 프랭크의 심리가 어떻게 묘사되는지 보세요. 앞에서도 말했듯이 그는 유대인과 얽히는 것이 더 큰 문제를 가져온다는 것을 알아요. 그러나 헬렌의 지치고 외로운 얼굴을 보자 아직 희망이 있다고 생각하게 돼요. 헬렌에게 하는 말을 들어보세요. "내가 너무 성급했다면 사과할게요. 누군가를 좋아하면 난 선물을 주고 싶어요. 선물 중에서 하나는 간직하지 않을래요? 나에게 좋은 책을 추천해준 것을 감사하고 싶어요. 그렇다고 내가 뭘 원하는 건 아녜요."

어떠세요? 헬렌이 이 제안을 거절하기는 어렵겠군요. 하여간에 이렇게 해서 헬렌은 셰익스피어 전집을 갖기로 하고 프랭크는 울목도리를 환불하기로 합니다. 그리고 그날 밤 함께 극장에 가자는 그의 제안을 받아들입니다.

다시 길게 헬렌의 생각이 묘사돼요. 이 부분, 정독하기 바랍니다. 자, 보세요. 헬렌에게 비친 프랭크는 뭔가 감추어진 석연치 않은 상반된 모습을 가지고 있어요. 우리는 알아요. 헬렌이 직관으로 포착한 프랭크의 이중성이 어디서 오는지. 프랭크에게는 고백해야 하는 비밀이 있고, 그는 이로 인해 계속 고민하고 있습니다.

■ ■ ■ (…) 마술사는 한 손으로 카드를 보여주고 다른 손으로는 그 카드들을 연기로 만들었다. (…) 무엇이 그녀로 하여금 그가 무슨 일을 그녀로서는 상상할 수 없는 방식으로 저질렀다고 느끼게 하는가? (121)

헬렌이 감지한 프랭크의 이중성은 어머니 아이다에 의해서도 확인돼요. 처음부터 아이다는 정체불명의 그에게 불안감을 느껴왔어요. 그녀는 헬렌이 프랭크를 만난다고 생각해서 밤에 몰래 뒤따라가기도 해요. 그래요. 아이다는 이 소설에서 상식적인 현실감을 나타내요.

■ ■ ■ 그는 두 마음을 가진 남자 같았다. 여기 있는 그는 이 마음을 가지고 있고 다른 곳에 있는 그는 또 다른 마음을 가지고 있었다. 심지어 그는 책을 읽을 때조차도 책 읽는 것 이상을 하고 있었다. 그의 침묵은 그녀가 이해할 수 없는 언어를 말했다. 그는 무엇 때문인가 근심하고 있었다. 아이다는 그녀의 딸 때문이라고 의심했다. (122)

이렇게 프랭크는 늘 분열 상태에 있는 듯 묘사돼요. 헬렌이 옆에 있을 때만 그의 분열이 사라지고 온전한 듯합니다. 그렇다면 앞으로 우리의 이야기는 분열된 프랭크가 헬렌을 통해서 온전하게 변해가는 힘든 과정을 보여주겠군요.

자, 지금까지 헬렌과 프랭크의 관계의 서막을 보았어요. 여기서 두 젊은이의 이야기는 잠깐 멈추기로 하죠. 아이다가 프랭크에 대한 불안감을 떨쳐내지 못하고 있다면, 모리스의 경우는 어떤가요? 이 소설은 프랭크와 헬렌이라는 두 젊은이의 이야기를 전면에 내세우면서 동시에 유대인이란 누구인지, 인간의 조건이란 무엇인지 등의 고전적인 질문을 모리스의 삶을 통해, 그와 프랭크의 관계를 통해 다루고 있어요.

두 사람의 이런 대화를 주목하세요. 추운 겨울 이른 아침, 모리스와 프랭크는 막 삶아낸 뜨거운 감자 껍질을 벗기고 있어요. 말없이 열중하다가 프랭크가 모리스에게 물어요. 유대인은 누구지요? 당신은 진정한 유대인인가요? 유대인은 왜 고통을 받는가요? 모리스는 그 질문들에 차분하게 대답해요.

교리문답을 연상시키는 이 장면을 보면서 우리는 알게 됩니다. 평생을 고립되어 살아온 모리스는 지금 프랭크라는 외부 침입자를 통해 도전받는 것이지요. 이방인 프랭크가 유대인 모리스의 영혼을 건드리는 질문을 함으로써 모리스는 자신을 성찰하고 점검하게 됩니다.

유대인은 누구인가요? 프랭크의 질문에 모리스는 대답해요. 중요한 것은 율법Torah이며 유대인은 유대인 법을 믿어야 한다고 말해요. 프랭크는 다시 물어요. "당신은 자신을 진정한 유대인이라고 생각하나요?" 그러면서 덧붙여요. "당신은 회당에도 가지 않고 휴일에도 장사를 하고 이따금 햄도 먹어요." 모리스의 대답은 확실해요. "가게 문을 여는 것은 먹고살아야 하기 때문이고 이따금씩 입안이 말라서 햄을 먹는 거요. 이런 것들 때문에 내가 유대인이 아니라고 말할 수 없지."

그리고 핵심적인 말을 합니다. "내가 율법을 잊지 않는 한, 옳은 일을 하고 정직하며 선한 사람이 되는 것이오. 우리의 삶은 고통스럽소. 그러니 다른 사람에게 해를 끼쳐서는 안 되오. 우리에게 율법이 필요한 이유는 짐승이 아니기 때문이오. 이것이 유대인이 믿는 것이오."

모리스의 대답, 이해했나요? 분명한 것은 그는 먹고살기 위해 주일에도 가게 문을 열고 마른 입안을 축이기 위해 이따금 햄 조각을 먹어요. 그런 작은 일 때문에 자신이 유대인이 아닐 수는 없다고 말해요. 유대인으로 중요한 것은 다른 사람에게 해를 끼치지 않고 정직하고 착하게 사는 것이라고 믿어요. 그래요. 형식에 매여 본질을 간과하지 않아요.

프랭크가 다시 물어요. "왜 유대인들은 그렇게 고통을 겪나요? 고통을 좋아하는 것처럼 보여요. 그렇지 않나요?" 이 질문, 주목합시다. 그러고 보니 언제부터인지 고통은 기피 대상이 된 것 같아요. '고통'은 실종되고 '힐링'과 '행복'이라는 단어가 남발되고 있어요. 너나없이 사카린 섞인 행복 전도사들인 것 같아요. 아니, 오해 말아요. 누군들 고통을 좋아하겠어요? 그러나 우리 삶에서 고통의 역할은 있지 않나요? 소금처럼 말이지요.

하여간에 작가는 늙은 유대인 모리스를 통해 고통에 대해 말하고 있어요. 모리스가 말해요.

■■■ "당신, 고통을 겪는 게 좋소? 그들이 고통을 겪는 것은 유대인이기 때문이오."

"내가 말하고 싶은 바예요. 그들은 필요 이상으로 고통을 겪어요."

"사는 것은 고통을 겪는 거요. (…) 유대인이 율법을 지키기 위해 고통을 겪지 않는다면, 그는 어떤 것도 괴로워하지 않을 거요."

"모리스, 당신은 무엇 때문에 고통을 겪나요?"

"나는 당신 때문에 고통을 겪어요."

모리스가 차분하게 말했다. 프랭크는 식탁 위에 칼을 놓았다. 그의 입이 아팠다.

"무슨 말씀이세요?"

"내 말은, 당신도 나 때문에 고통을 겪는다는 말이지." (125)

선문답처럼 이어지는 두 사람의 대화, 무슨 뜻인가요? '우리는 서로를 위해 고통을 겪는다', '우리는 불완전하므로 고통을 겪는다' 이런 뜻인가요? 모리스는 프랭크에게 물어요. "당신, 왜 이런 질문을 하는 거요?" 그렇지요. 이런 대화가 의미 없이 시작되었다가 끝나는 것은 아니지요.

프랭크의 대답을 보세요. 그는 자기의 강도짓을 고백하려고 해요. "실은 난 유대인들에게 잘못한 게 있어요. 그들이 어떤 사람들인지 알기 전에요. 그들을 잘 이해하지 못했던 거지요." 모리스는 프랭크의 고백이 무슨 뜻인지 모른 채 대답해요. "자주 있는 일이오."

자, 여러분. 지금 프랭크는 모리스에게 자신의 강도 행각을 고백한 겁니다. 그러나 그 고백이 그를 더 마음 편하게 하지는 못했어요. 그러나 일단 고백은 시작되었어요. 그렇게나 힘들게 몇 번이고 결심했어도 할 수 없던 말을 오늘 이렇게 막연하게 돌려서라도 입 밖에 꺼냈어요. 그것이 중요합니다.

앞에서 말했지요? 프랭크는 모리스의 인간성 또는 모리스가 좋은 유대인인지를 시험하는 역할을 해요. 가령 보세요. 우리는 프랭크가 몰래 가게에서 푼돈을 훔치는 것을, 후회하고 멈췄다가 다시 훔치는 일이 반복되는 것을 알아요. 그러던 어느 날 모리스는 프랭크가 가게 돈에 손대는 것을 확신해요. 그는 괴로워서 얼굴이 창백해지고 쓰러지려고 해요.

그러나 당장 프랭크를 내보내는 대신 그가 어떤 해결책을 만들어내는지 보세요. 모리스는 잘못은 너무 적은 급료를 주는 자신에게 있다고 생각해요. 숙식을 제공받고 담배와 맥주를 마음대로 마신다고 하지만, 프랭크는 가게의 고장난 것들도 고치고, 그가 있어서 손님도 늘어났으니까요.

그래서 모리스는 아이다에게 말하지 않은 채 거절하는 프랭크의 급료를 올려주기로 합니다. 이런 식으로 유대인 모리스의 인간성은 시험당하지만 그는 자기만의 방식으로 그것을 이겨냅니다. 이렇게 모리스와 프랭크의 관계는 한 단계 더 깊어지는 듯합니다.

The Assistant

제5강

모리스와 프랭크의 관계를 살펴보았어요. 한편 헬렌과 프랭크는 어떤가요? 이 강의에서는 두 사람의 관계에 큰 전환점이 옵니다. 보세요.

선물 사건 이후 두 사람은 가끔 극장도 가고 공원도 걷고 피자도 먹어요. 그동안 헬렌의 프랭크에 대한 생각이 변하고 있어요. 놀랍군요. 프랭크에 대한 그녀의 생각, 그와 함께할 미래에 대한 그녀의 계획이 거의 3페이지에 걸쳐 이어집니다.

헬렌은 프랭크가 유대인이 아닌 것이 걸림돌이라 생각했어요. 그런데 이제 그녀는 그가 유대인이 아닌 것이 가장 큰 장애물은 아니라고, 그녀 자신이 그를 사랑하고 충족감을 느끼는 것이 더 중요하다고 생각하게 돼요. 헬렌의 변화를 보면 종교니 계층이니 하는 사회적 조건들이 개인의 행복 앞에서는 부차적이 된다는 생각을 하게 돼요.

물론 헬렌은 자신이 유대인이라는 사실을 잊지 않아요. 그녀는 프랭크와 결혼한다 해도 자녀들을 유대인으로 키우는 것은 당연하다고 생각해요. 무엇보다 그녀는 과연 부모가 유대인이 아닌 프랭크를 인정할 수 있을지 고민합니다. "프랭크가 대학을 간다면? 그러나 대학이 유대교회당은 아니지. 생각이 비교적 자유로운 아버지조차 납득하지 못한다면?" 헬렌은 부모의 작은 평화마저 자기가 빼앗을까 봐 두려워집니다.

앞에서 보았듯이 헬렌은 사회적 성공과 좋은 삶을 구별합니다. 그리고 프랭크에게서 자기가 생각하는 인간다운 좋은 삶의 가능성을 봅니다. 프랭크를 향한 이런 감정에 대해 그녀 자신도 의문을 가지고 있어요. 때로는 자신과 논쟁하고 반박하고 동의하기도 해요. 이 과정이 구체적으로 묘사돼요.

헬렌에게 좋은 삶이란 어떤 것인가요? 프랭크는 대학을 갈 것이고, 그가 졸업할 때까지 그녀는 일할 수 있을 것이다, 그가 대학을 마친 뒤 자신은 일 년쯤 대학에 다니며 갈증을 풀 수 있을 것이다, 헬렌은 그런 뒤 부모와 자녀들과 함께 가능성의 땅 캘리포니아로 갈 겁니다. 그렇군요. 헬렌에게는 이 구체적인 계획들이 프랭크와 함께하는 것이기 때문에 중요합니다.

프랭크는 이렇게 모리스에게는 그의 인간성을 시험하게 하고, 헬렌에게는 미래의 좋은 삶을 꿈꾸게 하는 역할을 하고 있어요. 흥미롭지 않나요?

이들의 관계에 다시 한번 전환점이 옵니다. 젊고 건강한 두 사람은 서로 사랑하고 싶지만 그들만의 공간이 없어요. 프랭크는 2층 쪽방에 겨우 침대와 히터를 들여놓고 겨울을 지내고 있고, 여름이면 이곳을 떠날 것입니다.

두 사람은 인적 없는 공원 벤치에서 사람들의 눈을 피해 포옹하고 프랭크의 마음속에는 초조와 좌절감이 쌓여요. 어느 찬비 내리는 겨울밤입니다. 두 사람은 고심 끝에 프랭크의 좁은 방에 들어와요. 옆방 부부는 극장에 가고 없어요. 헬렌은 엄마에게 친구 집에 간다고 거짓말한 것이 걸리고 프랭크의 방에 있는 것도 불안해요. 무엇보다 프랭크에 대한 자신의 사랑을 더 확인하고 싶어요. 그녀는 긴장한 채 좁은 침대에 그와 나란히 누워요. 밖에서 겨울비 내리는 소리가 크게 들려요. 프랭크는 말없이 담배를 피우며 '오늘 밤일 수 있다'는 막연한 기대를 하고 있어요.

이 부분을 보세요. 문득 헬렌에게 밖에서 내리는 겨울비 소리가 아, 봄비처럼 들려요. 꽃들이 들판에 피어나는 것을 봐요. 그녀는 봄꽃 만발한 초원에 프랭크와 누워 있어요. 하늘에는 맑은 별들이 떠 있어요. 그녀에게서 절로 탄성이 나와요. 보세요. 헬렌의 마음속에서 좁고 누추한 프랭크의 방은 돌연 봄 들판으로 변해요. 이런 방식으로 작가는 자칫 남루해질 뻔한 두 젊은이의 이 순간을 가능성의 영역으로 남겨둡니다.

이 부분을 읽으면서 새삼 생각하지 않을 수 없어요. 작가는 이렇게 몇 개의 문장으로 누추하고 구질 맞은 현실을 순식간에 변화시켜요. 그러나 우리는 알아요. 마술과도 같은 문장은 돌연 만들어지는 것은 아니지요. 여름 아침 갑자기 나팔꽃이 피는 것이 아닌 것처럼요. 물론 이런 문장은 작가의 삶의 비전과 상관있습니다.

이날 밤 헬렌의 아름다운 상상을 배반하는 일은 일어나지 않아요. 보세요. 헬렌이 거부하자 프랭크는 물어요. "처음도 아니라면서 왜 그래?" 헬렌의 긴 대답. "난 후회했어. 난 당신을 정말 사랑하는지 확인하고 싶어. 때로는 사랑하는 것 같지만, 모르겠어. 확신이 들 때까지 우리가 자제해야 한다고 생각해."

프랭크는 즉시 내뱉어요. "무슨 개소리." 그러나 바로 그 순간 번개처럼 자제력이라는 말이 그를 붙들어요. 그의 지나간 삶은 아무리 결심하고 노력해도 결정적일 때 자제력을 잃은 일들의 연속이었어요. 그는 이 사실을 늘 깊이깊이 깨닫고 있었어요. 지금 다시 그 사실과 마주합니다. 그는 말해요. "헬렌, 내가 방금 말한 것, 내 의도는 아냐. 알아줘. 난 나쁜 사람일 때조차도 좋은 사람이야." 헬렌은 그의 말뜻을 알 것 같다고 해요.

우리는 프랭크가 왜 이 말을 하는지 알아요. 프랭크는 모리스에게 강도 사건에 대해 고백하려고 기회를 엿보지만 못 했어요. 헬렌에게도 못 하고 있어요. "나쁜 짓을 할 때조차도 나는 좋은 사람이야." 자, 앞으로 작가는 어떻게 프랭크의 이 말이 진실하다는 것을 증명할까요?

이후로 두 사람은 밖에서 만납니다. 우여곡절도 있어요. 어느 날 밤 헬렌을 몰래 따라갔던 아이다는 공원에서 두 사람이 키스하는 모습을 목격해요. 그녀의 절망 앞에서 헬렌은 의연합니다. "그는 어려운 시절을 겪었을 뿐이고, 난 그와 키스를 했을 뿐이에요." 아이다는 간곡하게 다시 네트와 만나라고 헬렌에게 부탁해요. 그리고 모리스에게 이를 알려요. 모리스는 프랭크가 여름이면 떠날 것이라고 일축하지만 아이다는 앞으로 닥칠지 모르는 비극을 생각하며 더욱 불안해집니다.

이야기는 급격하게 새 국면으로 들어섭니다. 진눈깨비 내리는 날 사설탐정인 워드의 아버지가 웬 청년을 끌고 가게에 나타나요. 모리스에게 가게에 들어왔던 강도가 이 남자냐고 묻고, 자기 아들 워드가 나타나면 알려달라고 한 뒤 나가요. 워드, 생각나지요? 프랭크와 강도짓을 했던 인물. 프랭크의 삶이 다시 시험에 들려고 합니다.

과연 한동안 보이지 않던 워드가 더욱 망가진 모습으로 프랭크 앞에 나타나요. 다시 한탕 하자는 말에 프랭크가 거절하자 헬렌에 대해 이죽거려요. 주류 상점 주인의 아들, 루이스가 외상을 주지 않는다며 프랭크에게서 돈을 받고 사라져요. 프랭크의 입장을 생각해보세요. 그는 지금 혼신의 힘을 다해 새사람이 되려고 해요. 모리스에게 강도짓을 고백해야 해요. 무엇보다 헬렌과의 관계를 살리기 위해, 옛날의 실수를 반복하지 않기 위해 자제력을 지키려고 안간힘을 쓰고 있어요.

자, 워드가 나타나고, 프랭크와 헬렌의 관계를 위협하고, 주류 상점의 아들 루이스가 언급되었어요. 앞으로 이 세 가지 요소가 어떻게 다른 연결고리를 만드는지 주목합시다. 이를 위해 작가는 예외적으로 긴 설명을 해요. 한쪽에서 먹구름이 몰려오는 것을 느끼며 이에 대비하여 숨고르기를 하는 듯합니다. 그가 길게 설명으로 처리하는 부분을 요약하지요.

가난한 구둣방 주인에서 시작해 주류 상점으로 큰돈을 벌어 자산가로 변신한 카프를 기억하지요? 네, 루이스의 아버지이지요. 같은 유대인이지만 편법에 능숙한 그는 그의 빌딩 안에 현대식 식료품점을 세놓아서 모리스의 가게에 치명타를 가하고 있어요. 두 사람은 지난번 강도 사건 이후 서로 피해왔어요. 그날 초저녁 카프는 수상한 자들이 자기 가게 앞에 어슬렁거린다고 모리스의 가게에 와서 경찰에 전화해달라고 했었지요. 그가 가게에 전화를 놓지 않는 것은 가난한 술꾼들이 전화로 술을 배달 주문한 뒤 돈을 내지 않기 때문입니다. 하여간에 그날 밤 모리스는 그 말을 대수롭지 않게 생각했고, 카프는 가게 문을 일찍 닫았고, 강도들은 밤늦게까지 문을 여는 모리스의 가게에 들어왔던 것이지요.

다른 사람에 대한 원망을 오래 품지 못하는 모리스이지만 그 사건 이후 그는 카프에게 냉담했어요. 그런데 어느 날 카프가 모리스의 가게에 와요. 두 가지 이유 때문이지요. 그는 현실적인 인물이므로 그의 방문 목적은 분명합니다. 망해가는 가게를 붙들고 있는 모리스도 좋고 자기도 좋은 계획이 있는데 여기에는 헬렌이 관련되어 있어요. 그는 오래전부터 헬렌처럼 독립적이고 똑똑한 여성이 자기 사업의 대를 이을 아들 루이스에게 적합하다고 생각해왔어요. 헬렌은 전문직 남자를 원하지만 변호사 지망생 네트는 헬렌 같은 가난한 여자를 원하지 않는다는 것을 그는 알아요. 그는 점원 프랭크에 대해서도 꿰뚫고 있어요.

자, 지금까지 우리는 모리스 가족의 눈을 통해서 프랭크를 보았어요. 그런데 이제 카프를 통해서 그가 세상 사람들에게 어떻게 비치는지 알게 돼요. 카프는 첫눈에 프랭크가 떠돌이 문제투성이 인물임을 간파해요. 유대인도 아니고요.

그는 프랭크가 현금을 내고 좋은 술을 마시는 것도, 경마에 돈을 날려버리는 것도 알고 있어요. 망해가는 가게 점원에게 그런 돈이 어디서 나겠어요. 물론 훔치는 것이지요. 프랭크의 이런 문제들을 우리도 알고 있지만 카프의 눈으로 보니 그는 더 수상쩍고 위험하게 보입니다. 아이다의 불안한 예감이 적중할 것 같다는 느낌조차 들어요.

카프의 마음속 계획은 이래요. 헬렌과 루이스가 결혼하면…, 물질적인 풍요를 누리게 되면…, 자기가 모리스의 가게를 도와주면…. 카프는 물론 헬렌이 프랭크와 데이트하는 것을 알고 있어요.

헬렌이 떠돌이 이방인과 어울리는 것은 고난에 찬 삶을 자초하는 것이라고 믿지만 그가 떠나고 나면 그 문제는 가라앉을 거라고 생각해요. 카프는 자신의 계획이 모두를 위해서 좋다고 믿고 있어요. 모리스를 이용하자는 마음이 전혀 아니에요. 그래요. 카프와 같은 이들은 다른 사람을 돕는 것도 자기 사업과 직결되어 있어요.

그런데 이날 카프는 마음속 생각을 꺼내지도 못해요. 그는 모리스의 가게가 더 규모 있게 정리되어 있는 것을 봐요. 모리스는 프랭크 덕분에 고객도 더 많아졌다고 말해요. 그러나 보세요. 이날 모리스는 카프를 통해 전혀 몰랐던 사실을 알게 돼요. 모퉁이에 근사한 독일 이민자의 식료품점이 새로 생겼었는데, 그 주인이 병원에 있고 가게를 팔았군요. 그래서 그동안 모리스의 가게가 잘되었군요. 곧 새로운 주인이 가게를 단장한 뒤 문을 열 것이라고 합니다.

카프의 이야기를 듣고 모리스가 거쳐 간 격심한 고통이 길게 묘사됩니다. 그는 프랭크에게 배신감을 느껴요. 가게가 그동안 잘되었던 이유를 그가 일부러 말하지 않은 건가? 그러다가 그는 프랭크에 대한 생각을 정리해요.

보세요. 이번에도 모리스는 프랭크를 이해하기로 해요. 그를 계속 가게에 둘 것입니다. 그도 이웃 사정을 몰랐을 수 있으니까요. 또 가게의 고객이 늘어나는 것이 자기 덕분이라고 믿고 싶었을 수도 있으니까요.

어떠세요? 모리스는 마음의 평온을 위해 현실에 눈을 감는 건가요? 그럴 수도 있어요. 분명한 것은 늙은 모리스는 프랭크에게 의지하고 있어요. 그는 이웃에 다시 번쩍거리는 식료품 가게가 들어서는 것도, 큰 쇼핑백을 든 고객들이 그곳을 드나드는 것도 혼자 감당할 수 없다고 생각합니다.

프랭크는 이런 모리스의 고통을 알 리 없어요. 자, 무슨 일이 일어나는지 보세요. 그는 강도 사건 이후 속죄하듯 모리스를 위해 일했어요. 새로운 사람으로 변하자고 늘 결심하지만 끝에 가서 번번히 실패하는 자신에게 더 이상 실망하고 싶지 않아요. 이번에는 잘하고 싶어요. 그래서 그는 훔친 돈들을 되돌려 놓기로 결정해요. 먼저 그는 지갑에 있던 6달러를 몽땅 금전출납기에 넣어요. 모리스는 매출이 많은 줄 알고 좋아해요. 그는 또 강도짓을 고백하려다가 모리스를 보는 순간 포기해요. 그리고 자책해요. 작가는 이렇게 계속 고백의 어려움을 강조하고 있어요.

그런데 이날 오후 무슨 일이 일어나는지 보세요. 일이 이렇게 꼬이는군요. 헬렌에게서 전화가 옵니다. 전에 없던 일이고 참으로 반가운 전화인데 이 한 통의 전화가 몰고 오는 여파를 보세요.

헬렌은 프랭크를 위해 좋은 소식이 있다고 해요. 아이다의 간청으로 오늘밤 네트와 만나지만 그 뒤에 두 사람은 공원에서 만나기로 약속합니다. 자, 전화를 끊고 나서 프랭크는 지갑이 비어 있는 것에 생각이 미쳐요. 현금을 조금 전에 전부 되돌려 놓았으니까요. 그는 후회해요. 비도 올 것 같은데, 그 늦은 시간에 피자라도 먹어야 할 텐데. 그는 다시 돈을 훔쳐요. 모리스에게 들켜요.

그 과정을 보세요. 모리스는 카프가 돌아간 뒤 깊은 걱정에 빠져요. 앞날이 더욱 암울해지고 프랭크의 주급 15달러가 큰돈으로 느껴지고, 그를 내보내지 않은 것을 후회해요. 그러다가 프랭크가 여전히 자기를 속일지도 모른다는 생각을 하게 돼요. 지난번에 있었던 일, 생각나지요? 금전출납기에 예상보다 적은 금액이 찍혀 있었을 때, 그는 프랭크를 이해하려고 하면서 오히려 급료를 올려주었지요.

이날은 사정이 달라요. 카프가 전해준, 새로운 식료품점이 곧 문을 열 거라는 소식에 그는 어떻게 먹고살지 막막해져요. 이런 상태에서 프랭크에 대한 의심이 다시 생긴 것이지요. 이해하지요? 우리가 힘들 때 막연했던 의혹이 더욱 강해지고 만사가 수상쩍어 보이고… 이날 모리스의 상태가 이렇습니다.

그런데 프랭크는 헬렌과 만나기 위해 돈이 필요해요. 고객이 들어와서 1달러 82센트 어치를 샀고 프랭크는 82센트만 찍어요. 모리스가 이를 목격해요. 프랭크는 실수였다고 변명하지만 모리스는 단호해요. "전에도 같은 짓을 했잖아." 프랭크가 주머니에 넣었던 1달러를 꺼냅니다. 두 사람이 주고받는 말을 보세요.

■ ■ ■ 난 이제 다른 사람이 되었으니 이런 일이 나에게 일어나서는 안 되는 건데, 라고 프랭크는 생각했다.

"돈이 필요했어요. 모리스. 내일 월급을 받으면 다시 돌려놓으려고 했어요."

(…) "훔치는 대신 왜 나에게 1달러만 빌려달라고 하지 않았나?"

이유인즉 간단했다. 그는 돈을 빌린 적이 한 번도 없었다. 언제나 훔쳤으니까.

"그 생각을 못 했어요. 잘못했어요."

"언제나 잘못했다지." 가게 주인은 분노에 차서 말했다.

"제 인생이 그렇지요." 프랭크가 한숨을 쉬었다.

"그러나 맹세컨대, 모리스. 난 당신에게 되갚고 있었어요. 오늘만 해

> 도 6달러를 갚았어요. 그래서 서랍에 그렇게 돈이 많은 거예요. 저에게 마지막으로 한 번만 더 기회를 주세요. 모리스, 제발."
>
> 프랭크가 애걸했다. 그의 얼굴은 핼쑥했고, 두 눈은 쫓기는 듯했고, 수염은 밤처럼 음울했다. 모리스는 흔들렸지만 헬렌을 생각했다.
>
> "안 돼."
>
> 프랭크는 쓰러질 듯한 늙은 유대인을 응시했다. 자신의 눈물에도 불구하고 그가 마음을 바꾸지 않을 것임을 깨닫자 앞치마를 벗어 걸고 떠났다. (162–163)

그렇군요. 모든 것이 물거품이 되는 건 이렇게 한순간이군요. 현실의 작동법입니다.

이날 밤 프랭크에게 일어나는 일은 낮에 일어난 일의 마무리 같다는 생각이 듭니다. 늦은 밤 공원에서 헬렌을 기다리며 그는 공포에 차 있어요. 헬렌이 말한 좋은 일이 무엇일지 그는 예측하지만, 그러나 모리스가 그를 쫓아낸 이유를 알게 된다면 그는 그녀를 다시는 만날 수 없을 것 같아요.

자정이 넘도록 헬렌은 오지 않고 허기진 그는 피자를 먹으러 갔다가 술집으로 들어가요. 거울 속의 자기 얼굴을 격렬하게 혐오해요. "지금까지 무슨 짓을 한 거야. 늘 잘못된 짓만 하고." 그는 다시 공원에 왔고 술 취한 워드에게 폭행당하기 직전의 헬렌을 구해내요. 헬렌이 울면서 그를 사랑한다고 말하며 숨

가쁘게 애원했지만 그는 다시 덫에 걸려들어요.

■ ■ ■ 그들은 겨울 땅 위에 주저앉았다. 헬렌은 절박하게 속삭였다. "제발, 지금은 안 돼, 달링." 그러나 그는 자신의 허기지고 불타는 사랑에 대해, 고통스러운 끝없는 기다림에 대해 말했다. 그러면서도 그는 자기가 도달할 수 없는 그녀를 생각했다. (…) 그래서 그녀의 애원을 키스로 막았다. (168)

이렇게 작가는 모리스에게 쫓겨난 프랭크의 자제력이 어떤 상태에서 무너지는지 담담하게 보여줍니다.

The Assistant

제6강

프랭크는 도망갈 수밖에 없군요. 평생 그래왔던 것처럼. 그리고 이야기는 일단락되는 것이지요. 아무것도 해결되지 않은 채로. 하지만 그럴 리가 없어요. 계속 따라갑시다.

소설 속 인물들은 우리 자신을 반영하고 있어요. 프랭크도 우리 자신이지 않나요? 결심하고 저지르고 다시 실망하고. 한계를 넘고자 애쓰고 넘어지고 일어나고. 그러면서 자기 변화의 계기와 만납니다. 이제부터 작가는 프랭크의 이 마지막 단계들을 보여줍니다.

사건 이후 프랭크의 고뇌에 찬 내면 묘사가 길게 이어집니다. "그는 달아나고 싶었다. 그러나 달아나고 있으면서도 되돌아오고 싶었다. 헬렌과 다시 있고 싶었고 용서받고 싶었다. 사람들은 서로 용서한다. 그렇지 않은가."

■ ■ ■ '도대체 내가 무슨 짓을 했는가?' (···)

> 공원에서의 단 한 번의 행동으로 그는 마지막 희망까지 죽이지 않았는가. (···) 그는 바람 부는 대로 굴러다녔고 아무것도 갖지 못했다. 심지어 살아온 세월을 보여줄 수 있는 경험조차 없었다. 그에게 경험이 있다면, 그는 적어도 언제 시작할지 언제 그만둘지는 알 수 있을 것이다. 그가 남몰래 가치 있다고 생각해온 자아란 그저 한 마리 죽은 쥐이다. 그에게서는 끔찍한 냄새가 났다. (175)

"나에게는 심지어 경험조차 없다."라는 말을 보세요. 프랭크처럼 떠돌이로 살아왔다는 것은 문제가 생기면 도망쳤다는 것이지요. 끝까지 남아 대면하고 감당하지 않았다는 뜻이지요. 그러므로 경험이란 문제를 일으켰을 때 우여곡절을 겪으면서 책임을 질 때 어렵게 얻어지는 깨달음입니다.

문제 앞에서 도망치는 프랭크의 특성은 미국의 프런티어 문화가 남긴 후유증이기도 해요. 그동안 우리가 미국 소설을 읽으면서 이에 대해 지적했던 게 생각나요. 인물들은 어려움이 생기면 외면하고 새 개척지로 떠나는 것이지요. 미국의 역사와 전통과 경험의 결핍은 이런 특징과 이어져 있어요.

하여간에 "늘 도망만 다녔다. 그래서 경험조차 없다."라는 프랭크의 탄식은 인간이 자신을 변화시키는 일이 얼마나 어려운 일인지를 말해줍니다. 반복하건대 고통스러운 대면을 거쳐야, 비로소 자기 변화의 계기가 온다는 것입니다.

프랭크에게 자기 대면을 할 수 있는 마지막 기회가 주어지는군요. 모리스가 다시 입원을 하게 돼요. 보세요. 근처의 새 슈퍼마켓이 오픈 기념으로 큰 세일을 알리는 전단을 뿌리고 프랭크를 해고한 그는 의기소침해져서 가게를 아이다에게 맡기고 침실로 올라가요. 냉기 찬 방에서 가스 밸브를 틀고 성냥을 찾다가 깜박 잠이 들어요.

2층에 세 든 닉이 가스 냄새를 맡고 프랭크의 방문을 두드리고, 그는 모리스를 응급조치한 뒤 병원으로 갑니다. 그리고 프랭크는 가게를 지키면서 한 푼이 아쉬운 아이다에게 그동안 모아두었던 급료를 보태 건네요. 모리스는 그가 돈을 훔친 것을, 헬렌도 자기에게 일어난 일을 아이다에게 말하지 않았어요.

프랭크에게 이 상황은 무엇을 뜻하나요? 그는 이번에는 자기 문제를 대면하게 될까요? 가게를 지탱하기 위한 프랭크의 안간힘을 이런 맥락으로 살펴봅니다.

선반 물건을 다시 정리, 배치하고 페인트칠을 해요. 비용 절감을 위해 전화기도 없애고, 가스불도 꼭 필요한 것만 켜요. 모리스의 장부를 찾아내서 외상값을 받으러 다니고 바닥 틈새에 떨어진 동전들을 꺼내기도 합니다. 무엇보다 밤에 동네 커피숍에서 25달러를 받고 아르바이트를 하고 아이다에게 방세를 냅니다.

작가는 구멍가게를 지키기 위해 안간힘을 쓰는 그의 모습을 왜 이렇게 시시콜콜 나열할까요? 그렇지요. 이것은 프랭크의 고행의 과정인 것이지요. 그는 이렇게 자기 죗값을 치르고 있는 것입니다.

이 과정에서 그는 도서관에서 유대인에 관한 책을 빌려 읽어요. 그들의 문명과 성취에 관해 알게 돼요. 선택된 민족으로 게토에서 당한 고난에 대해서는 끝까지 읽지 못해요. 중요한 것은 그가 유대인을 이해하려고 노력하는 것이지요. 이 부분은 소설의 끝에서 그가 스스로 유대인이 되는 할례 의식을 받는 행동으로 이어질 것입니다.

여기서 참회의 문제가 전면으로 나와요. 너무 무겁나요? 끝까지 집중합시다. 프랭크는 두 가지 잘못을 저질렀어요. 모리스에게 강도짓을 하고 헬렌을 성폭행했어요. 후회와 고민 속에서 고백하고 용서받기 원하면서도 못했어요. 그렇다면 지금 그가 가게를 지키며 아이다와 헬렌을 부양하는 것은 최소한의 참회 방식이라고 할 수 있어요. 이해할 수 있나요?

작가는 그를 포기하지 않아요. 프랭크 자신도 절망하면서도 포기하지 않아요. 그는 직접 모리스와 헬렌에게 고백해야 해요. 진정한 참회는 가해자가 피해자에게 직접 용서를 구하는 것으로 시작됩니다.

작가는 프랭크가 고행을 거쳐 변화할 가능성을 곳곳에서 암시해요. 때로는 꿈속에서, 환상 속에서 흰 꽃 한 송이가 피고 목각으로 새긴 새가 돌연 등장해요. 추운 겨울 그를 짓누르는 죄의 무게를 일순간에 뛰어넘는 은총처럼 말이지요.

모리스는 퇴원하고 일주일을 더 누워 있어야 했어요. 그동안 그는 어린 시절과 부모를, 자신의 실패한 삶을 생각해요. 망해 가는 가게에서 죽음을 기다리는 자신의 모습이 커다란 검은 새와 무덤으로 암시됩니다. 그러나 모리스는 프랭크를 더 머물게 할 수 없어요. "그동안 고마웠다. 이제는 떠나라." 단호하게 말해요. 이대로 떠날 수 없는 프랭크는 고백해요. 자신이 강도 중의 한 사람이었다고, 그동안 가게에서 일한 것은 잘못을 보상하기 위해서였다고, 이제 자신은 변했으니 계속 남아서 당신을 도와줄 수 있게 해달라고 간청해요.

작가는 그가 고백할 때의 짧은 희열을 "작은 새들이 일제히 나무에서 노래하기 시작했다."라고 묘사해요. 그러나 그 눈부신 기쁨은 곧 사라져요. 모리스는 무거운 눈으로 그를 보며 말해요. "이미 알고 있어. 당신이 새로운 사실을 말하는 게 아니야." 프랭크는 신음하며 물어요. "어떻게?" 모리스는 가스에 중독되었을 때 응급조치를 하는 프랭크를 보며 어디서 본 듯하다는 생각이 들었고, 그가 처음 가게에 나타나서 자기는 살면서 잘못을 저질렀다고 했던 말이 생각났고, 그래서 알게 되었다고 말해요.

프랭크의 고백은 너무 늦었나요? 그러나 시간을 맞춘다는 게 어떤 것인가요? 중요한 것은 그가 모리스에게 고백했다는 사실 아닐까요? 그러나 그는 떠나요. 이후 모리스 가족에게는 절박한 상황이 이어집니다. 아이다는 카프에게 가게를 살 수 있는 이민자를 소개해달라고 하지만 모리스는 경매에 부칠 가게에 대해 거짓말을 하지 못해요.

모리스가 수모를 겪으며 일자리를 구하러 다니는 모습이 자세하게 묘사됩니다. 그는 오랫동안 입지 않았던 양복을 꺼내 입고 떨리는 몸과 마음으로 거리로 나서요. 카프의 주류 상점에는 고객들이 줄지어 서 있어요. 술주정뱅이들, 모리스는 심사가 뒤틀리며 카프의 가게에 불이 나버렸으면 좋겠다고 생각하다가 깜짝 놀라 자신을 자책해요.

이 부분을 잘 보세요. 얼마 지나지 않아서 카프의 주류 상점은 불길에 휩싸이고 모리스는 자신의 생각 때문에 죄책감을 느껴요. 하여간에 이 화재가 어떤 여파를 몰고 오는지 우리는 곧 알게 됩니다.

계속하지요. 일자리를 찾아 나선 모리스는 3월의 변덕스럽고 찬바람이 부는 거리에서 어디로 가야 할지 알지 못해요. 독자는 이때 그의 머릿속을 스쳐 가는 무수한 생각들과 감정들을 통해 그의 내면에 대해 좀 더 알게 돼요. 자신의 실패한 삶을 바라보는 그를 통해 미국 성공 신화의 이면을 다시 생각하게 돼요.

■ ■ ■ "나는 무엇을 위해 그렇게 열심히 일했는가? 내 젊음은 어디 있는가, 어디로 가버렸는가?" 세월은 이익도 연민도 없이 지나갔다. 그가 누구를 탓하겠는가. 운명이 아니라 그 자신의 탓이었다. (206)

그는 근면 성실하고 사람을 신뢰해요. 그러나 속임과 술수가 지배하는 세상 속에서 낙오자가 됩니다. 가령 지금 그가 일자리를 부탁하러 가는 찰리는 모리스와 동업자였어요. 모리스가 4천 달러, 그는 천 달러를 내서 상점을 열었어요. 야간대학에서 회계를 공부한 찰리가 장부를 맡았고 2년 뒤 망해가는 가게를 인수한 그는 지금은 대형 슈퍼마켓 사장이 되었어요. 짐작이 가지요? 그날 늙고 지친 그에게 일자리를 주는 곳은 아무 데도 없어요. 그래요. 평생을 정직하게 양심에 따라 살아온 모리스는 지금 일생일대의 시험에 듭니다. 그에게 어떤 돌파구가 있을까요?

모리스의 절박함을 낌새챈 듯 한밤중 낡은 모자에 긴 검은 코트를 입은, 저승사자를 연상시키는 마른 남자가 가게 안으로 들어와요. 보험금을 노리는 화재 전문가입니다. 그는 셀룰로이

드에 불을 붙여 보이면서 건물이 비었을 때 흔적 없이 불을 낼 수 있다고 해요. 선금으로 얼마, 화재가 난 후에 얼마를 내라고 해요. 모리스는 심하게 흔들려요. 그러나 이 유혹에 넘어가지 않아요. 작가는 벼랑 끝에서도 자신을 지키는 모리스의 모습을 강조합니다.

그러나 이날 밤의 일은 여기서 끝나지 않아요. 그렇지요. 작가가 어느 인물을 등장시킬 때는 이유가 있지요. 다음날 밤. 위층에 세 든 젊은 부부와 아이다와 헬렌도 외출했어요. 한밤중 빈집에 혼자 있게 된 모리스는 홀린 듯해요. 전날 밤 낯선 남자가 했던 대로 셀룰로이드에 불을 붙여요. 순식간에 불길이 타오르고, 정신이 든 그는 미친 듯이 옷과 담요에 붙은 불을 끄려 하지만 역부족입니다.

다시 프랭크가 나타나서 불을 꺼요. 그는 가게에 있게 해달라고 하지만 소용 없어요. 지금까지 우리가 봐온 모리스는 선량하고 다른 사람의 사정을 이해하려고 했어요. 프랭크가 돈을 훔치는 것을 처음 알아차렸을 때도 그의 처지를 동정하면서 급료를 올려주었어요. 그러나 두 번째로 프랭크가 돈을 훔치는 것을 확인한 뒤 그는 단호해져요. 그의 도덕적인 원칙은 이렇게 분명합니다.

이야기가 끝이 나려는군요. 그런데 이웃집 카프의 주류 상점에 돌연 큰 화재가 나서 가게는 전소하고 사람이 죽어요. 기억하지요? 워드가 결정적인 역할을 하는군요.

화재가 난 날, 알코올중독자인 그는 피골이 상접한 채 카프의 주류 상점에 들어가 외상술을 구걸하지만 거절당해요. 무슨 일이 일어날지 짐작이 가지요? 한밤중 그는 술집 방범용 철조망을 죽을힘을 다해 비집고 들어가 술병을 움켜쥐고 마시고 바닥에 부어요. 담배 피운 성냥불을 바닥에 던져요. 알코올에 불이 붙고 가게는 전소되고 그는 죽어요. 이야기의 전환점이 이런 식으로 옵니다.

이 화재로 카프가 평생 일구어온 상점이 한순간에 잿더미로 변해요. 상점은 보험 처리가 되겠지만, 카프는 큰 정신적 타격을 받아요. 작가는 무슨 말을 하려는 것일까요?

모리스는 가슴을 치며 죄책감을 느껴요. 카프의 성업 중인 가게를 보며 불이라도 나기를 바랐거든요. 그러나 화재의 더 큰 여파가 모리스 가족에게 미치게 됩니다. 보세요.

이 화재로 모리스의 운이 순식간에 역전되는 듯해요. 막다른 골목에 다다른 그가 가게를 경매에 부치려는데 카프가 모리스를 찾아와요. 원하는 대로 돈을 주고 그의 상점과 집까지 다 사겠다고 해요. 단골들이 있는 이 지역을 떠나고 싶지 않은 그는 불탄 자리에 건물을 짓는 동안 손실을 최소화하기 위해 모리스의 가게를 수리를 해 주류 가게를 계속하려고 해요.

카프의 말을 듣는 동안 모리스는 흥분과 불안으로 꿈을 꾸는 듯해요. 카프라는 이 살찐 물고기가 순식간에 새로 돌변해서 '내 말을 믿지 마.'라고 외치며 날아가버릴 것 같아요.

좀 더 봅시다. 카프의 손실이 자신의 행운이 된 상황. 믿을 수 없는 운명의 역전. 아, 그날 저녁 봄눈이 내리는데 모리스는 흥분을 가라앉히려고 가게 앞길에 쌓인 눈을 치워요.

이해가 가지요? 의외로 눈보라는 차갑고 바람도 날카로워요. 쌓여가는 눈을 치우는 그에게 잊혀졌던 아득한 일들이 생각나요. 어린 시절, 미국에 처음 왔을 때의 일들. 빨리 들어오라는 아이다의 성화에 그는 대답해요. "22년 동안 가게 안에서 썩었는데 신선한 공기를 허파에 들어오게 하게 싶소."

잘 보세요. 작가가 모리스의 죽음을 어떤 식으로 암시하고 있는지를. 눈을 치우고 들어온 모리스는 오랜만에 헬렌과 이야기합니다. 가게가 곧 팔리고 새로운 미래가 가능해지자 그는 깊은 시름과 무거운 짐을 내려놓은 듯해져요.

그래요. 이때가 이 소설에서 모리스가 처음으로 현실에서 해방되는 듯한 때예요. 아버지와 딸은 그동안 서로에게 해주고 싶었던 말들을 해요. 정답고 배려 있는 말들을 주고받아요. 헬렌은 정말로 아버지께 많은 것을 해드리고 싶다고 말해요. 이 장면은 아름다워요. 봄눈이 내리는 밤, 부녀는 처음으로 희망에 차서 내일을 바라보고 있습니다.

모리스는 너무 오랫동안 가게에 갇혀 있었어요. 그날 밤 자리에 누운 그는 갑자기 무덤으로부터 해방된다는 생각에 현기증을 느껴요. 그의 심리 상태를 잘 보세요.

그는 새로운 시작이 두려워집니다. 이 동네를 떠나 새로 가게를 구하고 아파트로 이사를 하고…. 생각만 해도 피곤해집니다. "너무 나이가 든 것일까? 한곳에 너무 오래 박혀 있었나? 젊었을 때 러시아를 떠나 미국으로 새 삶을 찾아 나섰던 그 에너지는 말라버린 걸까?"

그는 자기의 허약한 심장이 알 수 없는 미래를 거역하며 급격하게 요동치는 것을 느껴요. 모리스는 이날 밤 열에 들뜬 비몽사몽 상태에서 낡은 옷을 입은 죽은 아들을 만나요. "왜 그렇게 아빠를 빨리 떠났니? 대학에 보내주마." 아들은 웃으며 사라져요. 불안한 꿈이었어요. 모리스는 잠에서 깬 뒤 자기의 인생이 실패했음을 절감해요. 가족에 대한 미안함과 낭비된 삶에 대한 회한에서 벗어나지 못해요. 그는 사흘 뒤 병원에서 죽어요.

유대교 의식으로 행해지는 모리스의 장례 과정이 자세하게 묘사됩니다. 유대인 공동체의 분위기가 생생하게 전달되지요. 이는 소설의 끝, 프랭크가 돌연 할례를 받은 뒤 유대인이 되는 장면과 이어질 거예요.

보세요. 유대교회당에서 거행되는 장례 예배 절차가 상세하게 묘사돼요. 아이다와 헬렌은 회당 앞자리로 안내돼요. 모리스의 오랜 친구들, 두어 명의 먼 친척, 상조회 지인들, 한두 명의 오랜 단골, 이웃들, 그리고 프랭크가 보입니다. 그의 협소한 생활 반경 속의 사람들이 거의 다 모였군요.

랍비는 설교해요. 그는 모리스가 유대인의 경험과 정신에 충실한 삶을 살았다고 강조해요. "그는 우리 유대인의 경험과 정신에 충실했습니다. 그는 고통을 겪었지만 희망을 가지고 견뎌냈습니다." 랍비의 이 말은 언젠가 모리스가 프랭크의 질문에 답했던 것을 상기시킵니다. 자기는 규율에 얽매이지 않고 그 율법 정신에 충실하므로 유대인이라고 말했지요. 그리고 "나를 위해서, 너를 위해서 고통을 받는다."라고 말했지요.

예배가 계속되는 동안 헬렌은 생각해요. "아버지는 근면하고 정직했지만, 이런 세상에서 그런 정직이 무슨 소용인가?" 아이다는 모리스가 야간대학에서 계속 공부하지 못하게 한 것을 후회합니다. 프랭크는 뒷자리에 혼자 앉아 추도사를 들으며 유대인은 고통으로 옷 한 벌도 만들 수 있을 거라고 생각합니다.

장례식을 마치고 돌아온 헬렌 모녀를 카프의 아들 루이스가 기다리고 있어요. 화재 당시 심장마비를 일으켰던 아버지가 더 이상 일할 수 없게 되었고 모리스의 가게를 살 계획이 없어졌다고 말합니다. 화재로 가게를 잃은 카프는 모리스의 가게와 집을 사려고 했고, 이 소식에 모리스는 눈을 치우며 자유를 만끽했어요. 그리고 폐렴에 걸려 사망했어요. 이렇게 삶은 다시 예측할 수 없는 방향으로 진행됩니다.

The Assistant

제7강

우리에게 남은 질문, 유대인 모리스의 삶의 의미는 무엇인가요? 그의 삶이 남긴 정신적, 도덕적 유산은 무엇인가요? 그것은 헬렌과 프랭크를 통해 암시됩니다.

장례식 이후 프랭크는 구멍가게를 살리기 위해 혼신의 힘을 다해요. 가게를 지키는 것이 모리스에게 진 빚을 갚고 헬렌에게 속죄하는 길이라고 믿어요. 여름과 가을을 지나 크리스마스가 되었을 때 상황은 극도로 악화되고 있어요. 그가 거쳐 가는 혹독한 날들이 자세하게 나열됩니다.

그는 만성피로에 시달려요. 광대뼈가 두드러지고 부러진 코는 더 날카로워져요. 늘 멍한 눈으로 세상을 봐요. 가게 수입을 올리기 위해 수프와 피자를 만들어 팔기도 해요. 여전히 커피

숍에서 야간 아르바이트를 해요. 무엇보다 그는 헬렌이 다시 네트와 데이트하는 것을 보면서 지옥 같은 날들을 보내요.

이런 상황에서도 그는 방세를 꼬박꼬박 내요. 그 방세로 헬렌이 가을부터 야간대학을 다닐 수 있게 된 것을 알기 때문입니다. 프랭크가 거쳐 가는 고난을 보면서 다시 묻게 돼요. '작가의 의도는 무엇인가?'

그래요. 프랭크는 한순간의 실수로 놓쳐버린 행복, 그것을 포기할 수 없어요. 그것을 되찾는 것은 허약한 자신을 다시 한번 극복하는 일입니다. 이를 위해 그는 헬렌에게도 자신의 잘못을 고백해야 합니다.

여기서 공원에서의 사건 이후 헬렌이 거쳐 간 시간을 되살려 보기로 합니다. 헬렌은 자기주장이 분명하고 단정하고 매력적인 젊은 여성으로 묘사되었어요. 가난한 현실을 벗어나고 싶고 좋은 삶을 꿈꾸지만 단순히 세속적인 성공을 원하는 것이 아니에요. 퇴근길 전철 안에서 만난, 법률 책을 든 네트 앞에서 초라해지는 자신을 『돈 키호테』 소설을 바짝 안으면서 버텨내는 장면은 인상적이었지요.

자, 그녀가 프랭크와 어떻게 조심스럽게 관계를 이어왔는지 우리는 보았어요. 유대인이 아닌, 정체 모를 떠돌이. 그러나 헬렌은 그에게서 자기가 꿈꾸는 삶의 가능성을 보았어요. 그에게 『안나 카레니나』, 『카라마조프 가의 형제들』과 같은 책을 추천

하면서 자기의 이상을 투영하기도 했어요.

그러나 그날 밤 사건 이후 그녀는 절망과 자학의 터널을 거쳐 가요. 온몸을 비누로 씻고 또 씻고, 찢어진 드레스를 꿰매고 감춰요. 그런 인간과 미래를 계획했던 스스로에 대한 혐오와 자책으로 견딜 수 없어요. '프랭크라는 떠돌이에게 그럴듯한 판타지를 뒤집어씌운 것은 나다.' 그녀의 자괴감은 끝이 없는 듯했어요.

이런 상황에서 프랭크는 헬렌에게 자기가 강도 중의 한 사람이었다고, 모리스에게도 말했다고 고백합니다. 프랭크는 해냈어요. 그는 이렇게 자신과의 싸움에서 중요한 고비를 넘깁니다. 그런데 그의 고백이 진정한 것이 되기 위해서는 행동이 뒤따라야 합니다. 고백 이후 계속되는 외적 궁핍과 내적 불안과 사투를 벌이는 그의 모습이 다시 한번 자세하게 묘사되는 이유가 여기 있습니다. 반복하건대, 그의 고행은 그가 평생 도달하고자 했지만 결정적인 순간에 놓쳐버린, 이상적인 자기 자신을 포기하지 못하는 것과 상관있어요. 거기 헬렌이 있는 것이지요.

프랭크는 헬렌에게 고백했어요. 이 행위가 무슨 의미가 있을까요? 작가는 설명하는 대신 프랭크의 고백 이후의 헬렌의 내면의 변화를 담담하게 보여줘요. 그 연결고리는 독자들의 몫이라고 생각됩니다. 이런 장면을 보세요.

추운 겨울밤 헬렌은 야간대학에서 공부하고, 친구와 도서관에서 레코드도 듣고 늦게 집에 가는 전차를 기다려요. 문득 그녀는 커피숍 유리창으로 카운터에 엎드려 쪽잠을 자는 프랭크를 보게 돼요. 그가 밤에 아르바이트 하는 것을 아이다에게 들어서 알고 있는 헬렌은 마음이 무거워져요. 그가 왜 이런 고생을 하는지 알기 때문입니다. 그는 그들 모녀를 부양하고, 그가 내는 집세로 그녀는 야간대학을 다닐 수 있어요.

자, 그녀는 프랭크가 변한 것을 알아차려요. 그리고 생각합니다. "잘못에는 끝이 있고, 좋은 일의 시작일 수도 있다." 이런 문장을 잘 보세요. 헬렌의 마음속 변화가 느껴지나요? 프랭크가 고행을 하고 있는 것과 그녀의 변화 사이에는 어떤 관계가 있을까요?

그녀는 또 생각해요. "사람은 알 수 없는 존재다. 겉으로 똑같아 보이지만 그러나 다른 사람이다. 그의 내면의 어떤 변화 때문에 그는 다른 사람이 되었다. 그는 내게 잘못을 저질렀다. (…) 그러나 그의 마음이 변했으므로 그는 더 이상 내게 빚진 것이 없다."

'잘못을 저질렀지만 그가 변했으므로 그 잘못은 사라졌다.' 이런 뜻인가요? 얼핏 이해하기 힘들지요? 그러나 작가는 곳곳에서 이런 식의 비약을 통해 인간 변화의 가능성을 보여줍니다. 그리고 이는 용서의 차원과도 연결돼요. 프랭크와 헬렌은 다시 만나겠군요. 작가는 그 시작을 이렇게 보여줍니다.

어느 겨울 아침 그녀는 프랭크에게 고마웠다고, 더 이상 당신은 우리에게 빚진 것이 없다고 말해요. 프랭크는 헬렌에게 정규 대학에 갈 것을 제안해요. 헬렌은 들고 있던 가방에서 프랭크의 선물, 셰익스피어의 책을 꺼내 보여줍니다.

작가는 더 이상 두 사람의 이야기를 하지 않아요. 그 이후 한 페이지 남짓한 묘사가 이어진 뒤 소설은 끝나요. 그래요. 프랭크의 고행의 시간들이 헬렌에게 고백하는 행위를 통해 마무리가 된 듯해요. 이제 그 행위를 확실하게 하는, 방점을 찍는 일이 남았어요. 다시는 뒤로 미끄러지는 일이 없도록 정신이 번쩍 드는, 자신의 변화를 확실하게 하는 행위. 그 순간을 위해 작가는 다시 프랭크가 거쳐 가는 과정을 간략하게 보여줍니다.

어느 순간부터 프랭크는 점원이 아니라 식료품점 주인이라고 표현돼요. 그래요. 그는 명실공히 모리스의 죽음 이후 이 식료품점을 지키며 아이다와 헬렌을 부양하고 있으니까요. 또한 그는 성경을 읽기 시작해요. 헬렌에게 악몽 같은 일을 저지른 뒤 어느 날 헬렌에게 말했었지요. "나에게 추천했던 그 책들, 당신은 이해했나요?" 그렇지요. 책 속의 인물들, 돌이킬 수 없는 잘못을 저지른 그들에게도 용서와 화해가 가능하지 않았나요? 프랭크는 헬렌에게 그 사실을 상기시킨 것이지요.

하여간 프랭크는 고통을 겪는 성경 속 인물들에 대해 읽으며 이런 즐거운 생각을 하게 됩니다. 그는 문득 갈색의 누더기 옷을 입은 성 프란시스코가 숲에서 춤 추며 나오는 모습을 봐요. 그의 머리 주위로 새 두 마리가 날아다녀요. 가게 앞에 멈춰선 성 프란시스코가 쓰레기통에서 나무로 만든 장미를 꺼냅니다.

생각나는군요. 프랭크가 나무토막에 장미를 조각하여 헬렌에게 주었지만 그녀는 쓰레기통에 던져버린 적이 있어요. 그런데 지금 성인이 그것을 꺼내 공중으로 던지자 꽃으로 변해요. 그가 꽃을 손으로 잡아 고개 숙여 인사하며 헬렌에게 줍니다. "작은 누이여, 여기 장미가 있어요."

프랭크는 여기서 성 프란시스코와 자신을 동일시해요. 극적인 자기 변화를 한 그가 준 장미를 헬렌은 받아 들어요. 그래요. 이 간단한 문장 속에 프랭크와 헬렌의 화해가 압축되어 있어요. 작가가 이를 어떻게 강조하는지 보세요. 이 소설의 마지막 넉 줄입니다.

■ ■ ■ 4월 어느 날 프랭크는 병원에 가서 할례를 받았다. 이삼일 동안 그는 두 다리 사이의 통증 때문에 엉거주춤 몸을 끌고 다녔다. 통증은 그를 격분하게 하고 그에게 영감을 주었다. 유월절이 지난 뒤 그는 유대인이 되었다. (246)

프랭크가 할례를 받는다는 것은 그가 고행을 거쳐 참으로 어렵게 도달한 자기 변화를 상징적으로 강조하는 것이겠지요. 다시 말해 그가 자발적으로 유대인이 된 것은, 모리스의 장례식을 통해 확인된 유대인 공동체의 일원이 되었다는 뜻이고, 이는 그의 떠돌이 삶에 종지부를 찍는 실존적 결단을 뜻하는 것이기도 합니다.

자, 이렇게 이야기가 끝나는데 프랭크의 이 극적인 자기 개조는 모리스의 삶과 정신에 어떻게 연결되는지요? 이를 통해 작가는 무엇을 말하는 것인지요? 책이 끝난 뒤에도 우리에게 계속 남겨지는 질문입니다.

Seize the Day
◆
The Assistant

강의를 마치며

지금까지 우리는 솔 벨로와 버나드 말라머드의 두 개의 짧은 소설, 『오늘을 잡아라』와 『점원』을 읽었어요. 20세기의 대표적인 유대계 작가들의 작품이지요.

두 소설이 발표된 미국의 1950년대를 다시 정리해볼까요? 이 시기는 다른 시대, 가령 1920년대, 1930년대보다는 상대적으로 가려져 있어요. 그러나 에릭 골드먼Eric Goldman의 저서 『결정적 시기와 그 이후: 미국, 1945-1960The Crucial Decade-And After: America, 1945-1960』에 나타나고 있듯이 이 시대 또한 만만찮아요.

전후 미국은 명실공히 세계의 정치 · 경제 · 문화의 중심이 됩니다. 또 동서 냉전이 첨예화되고 소련이 원폭 개발에 성공하고 미국은 매카시즘McCarthyism 광풍에 휘둘려요. 홀로코스트를 겪은 세대가 깊은 무력감과 혼돈에 빠져요.

이 시기에 미국은 본격적인 소비 사회로 진입해요. 갖가지 가전제품이 백화점을 채우고, 크고 좋은 자동차, 세척기, 그리고 '레빗타운Levittown'으로 불리는 넓은 교외주택이 보급되었어요. 오늘날 눈으로는 새로울 것도 없지만 당시로서는 획기적인 현상이었지요. 그러자 한편에서는 비판과 성찰의 소리가 들리기 시작해요. 미국인들이 '가전제품들을 쫓아가는 인간이 아니라 도덕적으로 보다 좋은 인간'이 되어야 한다는 지적들이 나왔어요.

갤브레이스John K. Galbraith의 저서 『풍요한 사회The Affluent Society』(1958)는 이런 상황을 예리하게 진단한 역작이에요. 저자는 이 책에서 미국 사회에서 개인적 영역은 번영하지만 의료보험과 사회보장 등 공적 영역의 빈곤과 부실이 계층 간 소득 불균형을 심화시킨다고 진단했어요. 그리고 교육의 중요성을 역설했어요.

1950년대 미국 사회의 도덕적 해이와 정신적 빈곤함은 1960년대 미국 사회를 휩쓴 히피 문화, 반문화 운동의 모태가 되기도 합니다. 마틴 루터 킹을 중심으로 한 민권 운동과 존 F. 케네디의 뉴프런티어 운동이 시작된 시대적 배경이지요.

하여간에 1950년대 미국 사회의 이런 소비만능주의 기류는 한편으로는 정신적 무기력을 생산해내고 다른 한편으로는 번영의 이면에 또 하나의 그늘진 미국을 만들어냅니다. 벨로의 소설이 전자를 반영한다면 말라머드의 소설은 후자를 보여주지요. 두 소설은 그래서 각각 이 시대 자본주의의 명암을 나타내고 있습니다.

벨로의 소설을 다시 보세요. 작가는 이 시기 자본주의의 실체를 신랄하게 때로는 예언적인 어조로 규탄해요. 그래서 이 소설은 현대 대도시의 삶과 인간에 대한 건조하고 암울한 보고서처럼 읽히기도 해요.

뉴욕의 맨해튼과 월 가는 독자들에게는 낯익어요. 19세기 작가 허먼 멜빌Herman Melville의 단편 「필경사 바틀비Bartleby, the Scrivener」(1853)를 기억하지요? 그 당시 부상하기 시작한 금융센터 월 가, 그 중심에 위치한 법률사무소. 그곳에서 어느 날부터 바틀비는 "난 안 할래요."라고 하면서 자기에게 맡겨진 필경을 거부해요.

그는 자기를 고용한 변호사의 회유와 강요와 설득에도 불구하고 "안 하겠어요."라는 한마디로 필경 일은 물론이고 일체의 다른 사무적인 일도 거부해요. 푸른 나무 한 그루 보이지 않는 사무실, 그의 구석 자리 앞에는 벽이 버티고 있어요. 다른 서기들은 소화불량과 신경불안에 시달려요. 바틀비가 한때 수취인 불명 우편물을 취급하는 일을 했다는 사실은 대도시와 인간과

일의 관계, 멜빌이 바틀비를 통해 말하려고 했던 그 극단적인 소외와 단절과 연결됩니다.

바틀비는 급기야 감옥에 가서 먹는 것도 거부해요. 앙상해진 그는 잠드는 것처럼 숨을 거둬요. 바틀비는 고용된 일개 필경사이지만, 월 가가 지향하는 황량하고 비인간적인 삶을 거부함으로써 개인의 소극적이지만 단호한 의지를 강조해요. 그리고 이는 당시 『월든Walden』(1854)의 소로Henry David Thoreau가 세금 내기를 거부하고 감옥에 갔던 시민불복종 정신과도 맥을 같이합니다. 일견 단순해 보이지만 강력한 호소력을 가진 단편이지요.

벨로의 뉴욕은 그 이후 더욱 성장하여 금융과 상업은 물론 예술과 문화의 중심이 되었어요. 맨해튼 거리는 세계 인종의 전시장인 듯해요. 아시아계 이민자들의 채소가게가 즐비했던 거리에 더 다양해진 인종들, 스페인, 콜롬비아, 페루, 카리브해에서 온 이민자들의 얼굴이 넘쳐납니다. 각자 이 도시에서 살아가기 위해, 살아남기 위해 숨 가쁘게 움직입니다.

벨로의 뉴욕은 경쟁과 탐욕의 자본주의의 중심, 거대한 괴물로 묘사됩니다. 이곳에서 증권거래소는 신전이고 돈은 전능한 신이 됩니다. 호텔 글로리아나는 대도시 인간관계의 특징들, 일회성, 익명성, 피상성을 압축해서 나타내는 곳입니다.

이곳에 은퇴한 팔순의 아버지와 실직하고 별거 중인 중년의 아들이 등장합니다. 늙음과 죽음, 실패. 얼핏 봐도 이들이 만들어내는 이야기는 매력적이지 않아요.

자칭 정신과 의사 탬킨의 등장은 이런 상황에서 효과적입니다. 그는 이 소설에서 자본주의에 대한 작가의 대변인처럼 보여요. 그의 입을 통해 돈에 중독된 사회가 고발되고 그곳에 사는 개인들의 소외 상태가 강조돼요. 그는 경쟁이 지배하는 세상에서 좌절하는 개인들의 공허함과 약점을 파악하고 그 부분을 공략합니다. 그는 윌헬름에게 때로는 아버지의 역할을, 때로는 상담사의 역할을 해요.

그러나 돈이 지배하는 이곳에서 탬킨의 서비스는 무료가 아닙니다. 윌헬름은 비상금으로 그와 공동 주식 투자를 하고 그는 자취를 감추지요. 그는 마치 세상의 거친 파도 속에서 가라앉지 않고 절묘하게 떠가는 코르크 마개를 연상시켜요.

작가는 무엇을 말하려는 것일까요? 그는 낙오자인 윌헬름을 통해 개인의 존엄이나 명예를 강조해요. 그리고 단순하고 평온했던 시절의 삶의 가치들을 소환해요. 이런 작가의 태도는 구시대적이고 무력해 보이기도 해요. 그러나 개인의 그런 신념이 돈이 사람을 지배하는 세상에 작은 균열이라도 낼 수 있다고 믿는 것이지요.

말라머드의 소설은 어떤가요? 벨로의 소설이 현대 자본주의를 고발하고 있다면 말라머드의 소설은 그 사회의 어두운 면을 보여줍니다. 벨로의 문장들이 엉킨 듯 길고 복잡한 데 비해 말라머드의 문장들은 명료하고 신선해요. 때로는 동화처럼 읽히기도 하는 묘사들은 그의 뛰어난 단편소설들을 연상하게 합니다.

이 소설의 배경이 된 브루클린은 맨해튼 남쪽에서 이스트강을 건너는 브루클린 다리로 연결되어 있어요. 가난하고 다양한 인종이 모여 사는 이곳에는 러시아에서 온 유대인 이민자들, 이탈리아와 폴란드 이민자들이 많아요.

『점원』이 쓰여진 1950년대는 골목마다 이민자들이 식료품점, 주류 상점, 구두 수선점, 과자가게 등을 하며 미국 사회에 뿌리내리기 위해 고군분투하던 시기입니다. 동시에 오래된 건물들이 재건축되고 큰 슈퍼마켓 등이 들어서면서 원래 있던 가게들이 밀려나는, 젠트리피케이션이 시작된 시기이기도 합니다.

이 지역에서 유대인 모리스 부버는 20년 넘게 작고 허름한 식료품점을 운영하고 있어요. 러시아에서 유대인 박해를 피해 망명 온 그 역시 새로운 땅에서 보다 나은 삶을 향해 밤낮으로 일하지만 그의 가게는 무덤 또는 감옥으로 묘사됩니다. 그만큼 그의 삶이 신산하고 고난에 차 있다는 뜻이지요.

그의 가게에 어느 날 강도가 들고, 떠돌이 청년 프랭크가 등장하면서 가난하고 단조로웠던 모리스 일가의 생활에 소용돌이가 일어요. 모리스와 프랭크와 헬렌, 이들을 중심으로 전개되는 이야기는, 그래요, 재미있어요.

우여곡절을 거쳐 가는 프랭크와 헬렌의 연애가 있고, 프랭크의 힘겨운 고행도 있어요. 우발적 폭력과 스릴러적인 요소도 있어요. 작가는 이들의 이야기를 통해, 특히 모리스를 통해 '유대인이란 누구인가', '인간다운 삶이란 어떤 것인가'라는 고전적인 질문을 해요. 보다 높은 도덕적 차원에 도달하기 위해 거쳐야 하는 고통과 자기 부정의 의미에 대해 성찰해요.

반복하건대, 벨로가 뉴욕을 통해 자본주의 실상을 묘사했다면 말라머드는 브루클린의 가난한 이민자들의 삶을 통해 물질적인 성공을 지향하는 사회의 이면을 다루고 있어요. 그러나 두 작가에게 공통점이 있어요. 그들의 인물들은 장소와 계층과 세대의 차이에도 불구하고 자신들의 정신적 뿌리와 존엄성을 유대인의 전통 속에서 찾고 있어요.

두 작가 모두 '유대인의 역사가 주는 중압감과 지혜, 이 오랜 유산의 의미는 무엇인가?'라는 질문에 천착하는 것이지요. 그리고 그것은 인류 보편적인 윤리적 규범과 별개의 것이 아님을 확인해요. 그래서 이들의 작품에서 유대인의 정체성은 현대인의 실존 조건과 연결되고 있어요. 그들이 현대인의 양심의 소리를 복원해냈다는 평가를 받는 이유입니다.

이제 현대 유대계 미국 작가들의 도전과 과제에 대해 생각하게 됩니다. 물론 홀로코스트가 남긴 유산을 어떤 방식으로 감당할 것인지, 이에 대한 탐색과 고뇌는 여전히 그들에게 남겨진 과제입니다. 동시에 변화도 보여요. 가령 이전 세대 작가들은 초기 이민자들의 삶의 고단함을 그려내요. 디아스포라의 불안과 정착하는 과정에서 겪는 소외와 차별을 다뤄요. 반면, 젊은 작가들은 사회 경제적으로 안정되면서 미국 주류의 삶에 동화되는 과정에 주목해요. 그들은 정착한 듯하지만 미국적인 가치에 비판적이기도 해요. 미국 사회와 문화에 동화되기보다는 이질감을 더 느끼기도 해요.

특기할 것은 그 과정에서 그들이 유대인 고유의 전통과 유산을 재발견하게 된다는 점이에요. 대표적인 작가로 신시아 오지크Cynthia Ozick가 있어요. 그는 『식인 은하The Cannibal Galaxy』(1984)와 『숄The Shawl』(1989)에서 현대 사회 속에서 유대인의 가치와 가르침에 주목해요. 이런 경향은 다른 소수 민족 문학에서도, 가령 한국계 미국 작가들의 작품에서도 나타나고 있어요. 이 부분은 다음 기회에 다루기로 합시다.

젊은 작가들에게서 발견되는 변화는 또 있어요. 이들의 작품에는 지역적인 변화가 나타나요. 이전 시대의 작품들이 주로 뉴욕, 맨해튼, 브루클린 등을 배경으로 한다면 이들의 소설에서는 하와이, 멤피스, 뉴멕시코 등으로 반경이 넓어져요. 이는 미국 유대인들의 삶이 공간적 · 문화적으로 다양해지는 것을 보여줍니다.

마무리하지요. 우리가 읽은 1950년대에 쓰인 두 소설은 여전히 현재성이 강해요. 이들이 각각 배경을 달리해서 보여주었던 자본주의의 폐해들, 생태계 파괴와 인간 소외, 빈부 격차 등은 지금은 더욱 심화되고 있어요. 몇 년 전 있었던 '월 가를 점령하라' 운동이 생각나지요? 이 두 소설은 당시의 상황을 진단하면서 소극적이지만 분명하게 이런 시대적 흐름에 저항하는 인물들을 보여줘요. 그들은 여전히 명예와 자존감, 정직과 근면과 같은 인간의 기본적인 가치들을 지키려고 하면서 '좋은 삶'에 대한 기억과 가능성을 되살리려고 해요. 우리가 계속 이 작품들을 읽는 이유입니다.

안녕. 또 만나요.

작가 연보

| 솔 벨로Saul Bellow |

1915 6월 10일 캐나다 퀘벡 주 남부에 위치한 상공업 도시 러신Lachine에서 러시아계 유대인 부모 사이에서 태어남. 가족은 벨로가 9세 때 미국 시카고로 이주했음.

1933 영어, 불어, 이디시어 및 히브리어에 능통했던 그는 문학 공부에 전념하고자 시카고대학교에 진학함.

1937 노스웨스턴대학교로 편입하여 사회학과 인류학에서 우수한 성적으로 졸업함. 위스콘신대학교에서 장학금을 받고 석사과정을 밟다가 그만두고, 시카고로 돌아가 집필 활동에 전념함.

1937 벨로에게는 총 다섯 명의 배우자와 네 명의 자녀가 있음. 첫 번째 부인인 애니타 고쉬킨Anita Goshkin과 결혼

하고 1956년에 이혼함.

1939 시카고의 페스탈로치 프뢰벨 사범대학에서 강의를 함.

1941 첫 단편 『두 개의 아침 독백Two Morning Monologues』을 발표함.

1944 첫 장편소설 『허공에 매달린 사나이Dangling Man』를 출판함.

1947 소설 『희생자The Victim』를 출판함.

1953 소설 『오기 마치의 모험The Adventures of Augie March』으로 첫 전미도서상National Book Award을 수상함.

1956 중편소설 『오늘을 잡아라Seize the Day』를 출판함.

1959 소설 『비의 왕 헨더슨Henderson the Rain King』을 출판함.

1964 소설 『허조그Herzog』를 출판함. 이 작품으로 두 번째 전미도서상 및 인터내셔널 문학상Prix international de littérature을 수상함.

1968 단편집 『모스비의 회고록Mosby's Memoirs』을 출판함.

1970 소설 『새믈러 씨의 혹성Mr. Sammler's Planet』을 출판함. 이 작품으로 세 번째 전미도서상을 수상함.

1975 소설 『훔볼트의 선물Humboldt's Gift』을 출판함. 이 작품으로 퓰리처상 및 노벨문학상을 수상함.

1976 이스라엘을 다녀온 작가의 실제 경험을 토대로 집필한 단편집 『예루살렘을 다녀와서To Jerusalem and Back』를 출판함.

1982 소설 『학장의 12월The Dean's December』을 출판함.

1984 단편집 『실언을 일삼는 그와 단편들Him with His Foot in His Mouth and Other Stories』을 출판함.

1986 소설 『오늘을 잡아라』가 영화화되어 개봉됨.

1987 소설 『죽음보다 더한 실연More Die of Heartbreak』을 출판함.

1989 『단편소설집Collected Stories』을 출판함. 중편소설 『어떤 도둑질A Theft』을, 중편소설 『벨라로사 비밀 조직 Bellarosa Connection』을 출판함.

1991 단편집 『나를 기억하게 하는 것: 3개의 이야기Something to Remember Me By: Three Tales』를 출판함.

1996 시카고 및 미국 내 전반적인 정치 체계에 대한 에세이 '슈가맨 씨의 국기에 대한 맹세Mr. Sugarman's Pledge of Allegiance'를 〈시카고 트리뷴〉에 게재함.

1997 중편소설 『실체The Actual』를 출판함.

2005 미국 매사추세츠 주 브루클라인의 자택에서 4월 5일 90세를 일기로 타계함.

| 버나드 말라머드Bernard Malamud |

1914 4월 26일 미국 뉴욕 브루클린에서 러시아계 유대인 이민자 부모 사이에서 태어남.

1928-1932 에라무스홀고등학교 재학. 『계산대 뒤에서 본 인생Life-From Behind a Counter』(1932)으로 리처드 영 수필상Richard Young Essay Prize을 수상함.

1932 뉴욕시립대학교에 입학 후 1936년에 졸업함.

1940 미국 통계국에서 회계원으로 근무하며 〈워싱턴 포스트〉를 통해 집필 활동을 시작함.

1942 정부 지원 학자금 대출을 받아서 컬럼비아대학교 대학원에 진학, 석사학위를 취득함. 소설 『깊이 잠들지 못하는 사람The Light Sleeper』을 집필하기 시작함. 1948년에 완성했지만 여러 출판사에서 거절당하자 1951년에 스스로 원고를 태워버림.

1945 1945년 11월 앤 드 키아라Ann de Chiara와 결혼함.

1952 첫 소설 『내추럴The Natural』을 출판함. 소설 『누구도 구제할 수 없던 남자The Man Nobody Could Lift』를 쓰기 시작하여, 추후 제목을 『부서진 눈The Broken Snow』으로 변경함.

1957 두 번째 소설 『점원The Assistant』을 출판함.

1958 첫 단편집인 『마법의 통The Magic Barrel』을 출판함.

1959 단편집 『마법의 통』으로 전미도서상을 수상함.

1961 세 번째 소설 『새로운 인생A New Life』을 출판함.

1963 두 번째 단편집 『바보들 먼저Idiots First』를 출판함.

1966 네 번째 소설 『수선공The Fixer』을 출판함. 1913년에 러시아에서 발생한, 반유대주의를 보여준 멘델 베일리스Mendel Beilis 모함 사건을 다룸.

1967 소설 『수선공』으로 전미도서상과 퓰리처상을 수상함.

1968 3월에 이스라엘 방문. 소설 『수선공』이 영화화됨.

1969 다섯 번째 소설 『피델만의 그림들Pictures of Fidelman』을 출판함. 단편집 『서랍 속에 갇힌 남자Man in the Drawer』로 오 헨리 문학상O. Henry Prize을 수상함.

1971 여섯 번째 소설 『세입자들The Tenants』을 출판함.

1973 세 번째 단편집인 『렘브란트의 모자Rembrandt's Hat』를 출판함.

1979 일곱 번째 소설 『뒤뱅의 삶Dubin's Lives』을 출판함. 펜 아메리칸 센터PEN American Center 회장직을 역임함.

1982 여덟 번째 소설 『하나님의 은총God's Grace』을 출판함.

1983 네 번째 단편집 『버나드 말라머드의 이야기들The Stories of Bernard Malamud』을 출판함.

1984 소설 『내추럴』이 영화화됨.

1986 3월 18일 미국 뉴욕의 링컨 타워에 위치한 자택에서 심장마비로 타계함.

1989 미완성작이자 유작이 된 『사람들The People』이 출판됨.

1997 소설 『점원』이 영화화됨. 소설 『완성된 이야기들The Complete Stories』이 출판됨.

2005 소설 『세입자들』이 영화화됨.

서숙 교수의 영미소설 특강 9

오늘을 잡아라 · 점원

펴낸날 1판 1쇄 2019년 1월 24일 | 지은이 서숙

펴낸이 김헌민 | 펴낸곳 이화여자대학교출판문화원
주소 서울특별시 서대문구 이화여대길 52(우 03760)
등록 1954년 7월 6일 제9-61호
전화 02) 3277-2965(편집) 02)362-6076(마케팅)
팩스 02) 312-4312
전자우편 press@ewha.ac.kr | 홈페이지 www.ewhapress.com
책임편집 이지예 · 이혜지 | 찍은곳 (주)현문자현

ISBN 979-11-5890-299-5 04840
ISBN 978-89-7300-855-1 (세트)

값 12,000원

이 도서의 국립중앙도서관 출판예정도서목록(CIP)은 서지정보유통지원시스템 홈페이지(http://seoji.nl.go.kr)와 국가자료공동목록시스템(http://www.nl.go.kr/kolisnet)에서 이용하실 수 있습니다. (CIP제어번호 : CIP2019000761)